목사가 목사에게

IVP(InterVarsity Press)는
캠퍼스와 세상 속의 하나님 나라 운동을 지향하는
IVF(InterVarsity Christian Fellowship)의 출판부로
생각하는 그리스도인을 위한 문서 운동을 실천합니다.

고상섭	송인규
김경은	송태근
김관성	이문식
김영봉	이정규
김지철	조영민
김형국	조정민
김형익	차준희
박영호	

목사가 목사에게

단 한 사람에게 보내는 마음의 편지

Ivp

차례

서문 목사들이 부르는 슬픈 사랑의 노래 김영봉　　　　　　　　· 7

1부　내 영혼의 스승들

하용조 목사님께 소식을 전합니다　조정민　　　　　　　　· 15

그리운 H 전도사님께　김경은　　　　　　　　　　　　　· 27

한 영혼을 위한 헌신을 알려 주신 옥한흠 목사님께　고상섭　· 37

복음을 가르쳐 준 스승, 팀 켈러 목사님께　이정규　　　　　· 47

2부　아버지의 이름으로

한 방향으로의 지속적인 순종:
목사 아버지가 목사 아들에게　김영봉　　　　　　　　　　· 63

사랑하는 사위 범렬에게　김형익　　　　　　　　　　　　· 85

3부 한길 가는 순례자들

어느 목삯꾼의 고백 송인규	·97
사랑하는 제자 남수호 목사에게 송태근	·109
자랑스러운 제자 김바나바 목사에게 차준희	·121
강 목사님 송별회를 마치고 박영호	·131
주 안에서 나의 동생, 우성균 목사에게 김관성	·143

4부 새로 시작하는 이들을 위하여

목사 안수를 받는 믿음의 후배 J 목사에게 김지철	·161
개척을 시작하는 J 목사님에게 이문식	·171
목회의 길에 막 들어선 HB에게 김형국	·181
신학 공부를 시작하는 K에게 조영민	·193

일러두기
본문에 인용한 성경 구절은 특별한 표기가 없는 경우 개역개정판을 사용하였습니다.

서문
목사들이 부르는 슬픈 사랑의 노래

나는 존경하고 신뢰하는 사람들의 일기나 서간집에 관심이 많다. 공개적인 글은 무엇인가를 주장하거나 제시하는 것이지만, 일기나 편지는 비공개를 전제하고 쓴 글이므로 그 사람의 공적 페르소나 뒤에 감추인 진짜 모습을 볼 수 있다. 그렇기 때문에 더 깊이 공감하게 되고, 공감하는 만큼 영향을 받는다. 디트리히 본회퍼(Dietrich Bonhoeffer)의 『옥중서신』(복있는사람)이 그렇고, 헨리 나우웬(Henri Nouwen)의 『사랑을 담아, 헨리』(IVP)와 『제네시 일기』(포이에마)가 그렇다. 김흥호 선생이 풀어 쓴 『다석일지』(솔)도 그 예이고, 『퇴계와 고봉, 편지를 쓰다』(소나무)도 흐트러진 마음을 다잡게 만든다.

이 책에 수록된 글들은 공개를 전제한 사적 편지다. 기고자 중 하나인 나도 그랬지만, 다른 기고자들도 이 편지가 책으로 묶여 공개된다는 사실로 인해 독자를 의식하지 않을 수 없었을 것이다. 그 생각이 공적 페르소나의 가면을 완전히 벗게 하지는 못했을 수도 있지만, 자신과 관계 맺고 있는 구체적인 개인에게 쓴 글이라는 점에서 기고자들의 내밀한 마음의 고백이 담겨 있다. 어떤 이는 자신에게 영향을 준 선배에게, 어떤 이는 사랑하고 아끼는 후배에게, 또 어떤 이는 같은 길을 걷고 있는 가족에게 썼다. 형식은 다양하지만, 발신자와 수신자 모두가 목회의 길에서 본질을 지키며 마지막까지 완주하고 싶은 간절한 소망을 담았다는 점에서는 동일하다.

한 세대 전만 해도 물량적인 성공을 이룬 목회자가 아니면 실패자로 간주되었다. 교회의 규모가 목회자의 실력이라고 생각했었다. 교인들도 큰 교회 다니는 것을 자랑으로 여겼다. 천민자본주의에서 배양된 성공 바이러스가 교회까지 전염시켰다. 복음은 물량적 성공을 이루기 위한 수단으로 왜곡되었다. 내가 신학대학원에서 가르칠 때 목회자 세미나에 초청받아 강의를 할 때마다 거의 예외 없이 들은 반론은 "그렇게 하면 교회 현장에서 통하지 않는다"는 말이었다. "통하지 않는다"는 말은 물량적 성장에 도움이 되지 않는다는 뜻이었다. 현장에서 통하게 하려면 복음을 '어느 정도' 왜곡시켜도 된다고 생각했다. 하지만 '어느 정도'가 함정이라는 사실을 늦게서야 깨달았다.

복음의 본질을 내어 주고 성공과 성장을 향해 질주한 우리 교회는 짧은 시간 동안 세계가 놀랄 만한 물량적 성장을 이루었다. 한때, 세계 10대 교회 중 절반이 우리나라에 있다는 사실을 자랑으로 여겼다. 하지만 한 세대가 지난 지금, 그것은 '악마의 거래'였다는 사실이 드러났다. 대형화된 것에 비례하여 교회들은 대형 스캔들을 만들어 냈다. 뭔가 심하게 잘못되었다는 사실을 자각하기 시작했으나, 돌이키기에는 이미 몸집이 너무 커졌고 너무 멀리 벗어나 있었다.

지금 교회는 가장 신뢰할 수 없는 집단으로 인식되고 있고, 기독교는 가장 매력 없는 종교가 되었다. 사람들은 목회자들을 성직자로 여기지 않는다. 그동안 목회자들이 삶 속에서 성직자다운 차별성을 드러내지 못했다는 증거다. 목회자의 관심사가 한 사람의 신앙인으로 자신이 어떻게 형성되느냐에 있지 않았다. 물량적 성장과 성공에의 열망에 사로잡혀 있었기 때문이다. 그로 인해 한국 교회는 서서히 침몰하는 항공모함과 같은 형국에 처해 있다.

교계 내에서는 이 추세를 되돌릴 해법을 찾느라 분주하다. 어떤 사람들은 그 해법을 찾았다고 선전한다. 하지만 보는 눈이 있는 사람들은 안다. 이 상태에서 어떻게든 되돌리려는 노력은 부질없는 일이며, 설사 돌이킨다 해도 본질이 변하지 않고는 언젠가는 다시 침몰할 것이라는 사실을 말이다. 그것은 불치병으로 죽어 가는 사람의 생명을 산소 호흡기로 연장시키는 것과 별로 다르지 않다.

희망은 죽는 데 있다. 죽어도 '잘' 죽어야 한다. 그래서 성장주의로 인해 생겨난 병폐들을 함께 매장해야 한다. 그럴 때에야 교회는 건강한 생명력으로 다시 살아날 것이다. 교회는 근본적으로 우리의 일이 아니라 오늘도 살아 계시는 예수 그리스도의 일이다. 우리는 죽어도 그리스도께서는 계속 일하신다. 우리가 실패한 자리에서 그리스도께서는 시작하신다. 우리가 절망한 자리에서 그리스도께서는 희망이 되신다. 앤드루 퍼브스(Andrew Perves)가 『십자가의 목회』(*The Crucifixion of Ministry*, 새세대)에서 지적한 것처럼, '우리가 하는 목회'가 십자가에 달려 죽어야만 진정한 갱신과 부흥이 일어날 수 있다.

이 서간집에 수록된 글들은 이제는 죽을 때라는 고백이다. 우리가 하려고 했던 모든 일들을 죽이자는 호소다. 우리의 인생 프로젝트가 되어 버린 목회를 무덤에 장사 지내자는 결단이다. 우리가 세운 모든 것들을 돌 위에 돌 하나도 남지 않도록 무너뜨리자는 기도다. 그럴 때 주님께서 당신의 거룩한 교회를 다시 세우실 것이기 때문이다. 잘 죽어서 주님께서 교회를 다시 일으키시게 하자는 호소다. 교회의 화려한 회복에 대한 헛된 꿈을 내려놓고 거룩한 신부로 회복되기를 꿈꾸자는 외침이다. 그런 점에서 이 글들은 교회에 대한 애가(哀歌)이며 또한 교회를 향한 애가(愛歌)다.

부디, 이 서간집을 통해 '죽음의 영'이 한국 교회를 섬기는 목회자들에게 들불처럼 번져 나가기를 기도한다. 그래서 주님의 '부활의 영'이 봄철의 새싹처럼 일어나는 모습을 볼 수 있기를 바란다. "불이 이미 붙었으면, 내가 바랄 것이 무엇이 더 있겠느냐?"(눅 12:49, 새번역)고 하셨던 주님의 뜨거운 마음을 기도로 올린다.

"주여, 우리를 죽이소서. 우리의 목회를 죽이소서. 우리의 교회를 죽이소서. 주님의 교회가 다시 일어나도록!"

김영봉 목사

1부

내 영혼의 스승들

"목사님, 교회가 무엇입니까?"
"교회요…교회는 제도가 되기 직전까지입니다."
"그러면 목사는 어떤 사람입니까?"
"목사요…목사는…괴물입니다."
목사님께서 가르쳐 주셨으니 결코 두 가지를 잊지 않고
마음속으로 다짐하며 걷습니다.

하용조 목사님께 소식을 전합니다

조정민

*

MBC 기자, iMBC CEO를 거쳐 고든콘웰 신학교(M.Div.)를 졸업, 보스톤온누리교회, 서울 온누리교회에서 사역했다. CGNTV CEO, 두란노 이사를 역임했으며 2013년부터 베이직교회를 섬기고 있다. 『왜 예수인가?』, 『사람이 선물이다』(이상 두란노) 등 20여 권의 저서가 있다.

목사님!

목사님 생전에 말씀하신 것에 순종하지 않은 적이 없는데 두 가지 못 들은 체하며 넘어간 일이 있습니다. 한 가지는 간증집을 출간해 보자고 하신 것을 흘려들었습니다. 마음에 걸려서 목사님 소천하신 직후에 간증집 대신『사람이 선물이다』를 펴냈습니다. 사실 제 인생에는 목사님이 달리 설명할 길 없는 선물이었습니다. 또 한 가지는 흰머리 염색하라는 조언에 순종하지 못했습니다. 지금도 염색 부작용에 대한 염려 때문에 못하고 있습니다. 아마 이대로 목사님을 뵙게 될 것 같습니다.

목사님 마지막 모습을 뵌 지 벌써 11년이 지났습니다. 가장 전하고 싶었던 소식은 제가 베이직교회가 된 것입니다. 과정은 잘 알고 계시리라 생각합니다. 그저 감사할 뿐이라는 고백을 드리고 싶습니다. 사실 목사님은 제 등을 떠밀지 않으셨습니다. 신학교에 가라고 직접 말씀하신 적도 없고, 목사 안수를 받으라고 친히 말씀해 주신 적도 없습니다. 다만 신학교

원서를 들고 나타나자 "내가 조 집사 신학을 놓고 5년 기도했는데 때가 된 것 같다"고 짧게 말씀해 주셨지요. 미국 신학교로 가는 편이 낫겠다고 하실 때도 학교 이름을 일러 주시지 않고 신학교 투어를 해 보고 결정하라고 하셨지요.

늘 그러셨습니다. 목사님을 통해 하나님의 음성을 듣기보다 스스로 음성을 들으라는 뜻으로 알았습니다. 그래서 신학교를 마치고 이틀 후에 바로 귀국하라고 하셨을 때 내심 놀랐습니다. 저는 보스턴을 떠나 미국 남부 지역으로 가서 목회할 생각으로 기도할 때였으니까요. 귀국한 다음날 확대당회에서 이제 조 전도사와 동역하게 되었다고 소개하시더니 저녁 무렵 다음 날 주일 예배 설교를 하라고 하셨지요. 당황스러웠지만 순종했습니다. 아마 목사님은 기억하지 못하실 수도 있겠습니다. 그러나 그 결정이 얼마나 충격적이었는지 두고두고 제 기억에 남았습니다.

*

베이직교회 이야기를 목사님께 드리지 않을 수 없습니다. 2012년 연말부터 집에서 아내와 단 둘이 주일 예배를 드렸습니다. 이듬해 3월에는 목사님과 건축 공사 현장에 방문해서 기도했던 리앤유빌딩 2층 카페 '히스토리'에서 주일 예배를 드리기 시작했습니다. 목사님께로부터 많은 것을 배웠습니다. 그러나 아무것도 새 교회에 적용하지 않았습니다. 아무 사역도 하지 않기로 했습니다. 서로 사랑하는 것에 집중하기로 했습니다. 모여서 성경 읽는 것이 전부였습니다.

오직 목사님께 배운 한 가지만을 목회의 기초로 삼고 있습니다. 당신 자신보다 예수님을 더 사랑하는 것입니다. 저는 곁에서 그 사랑이 흘러넘쳐 사역이 된 것을 지켜보았지만, 후배 목사들은 사랑이 메마른 채 사역하는 게 다반사였습니다. 목사님은 주님을 내 몸보다 사랑하고 주님을 내 교회보다 더 사랑하셨기에 삶 전체가 사역이 되면 되었지 결코 사역을 우선시하지 않으셨다고 믿습니다. 그러나 의도치 않으셨을지라도 사역이 너무 많아지면서 사역 중독증을 보이고 있다는 느낌을 받았습니다.

목사님, 아시다시피 저는 직장에서 25년간 죽도록 일했습니다. 남다른 커리어를 쌓았습니다. 그러나 그걸 위해 희생한 것은 생명이었습니다. 내 목숨만이 아닙니다. 사랑하는 아내와 두 아들의 생명까지도 아끼지 않았습니다. 가정이 시들어 가는 모습을 보고도 일중독에서 벗어나지 못했습니다.

교회는 그럴 수 없지 않습니까? 교회는 하나님 사랑과 이웃 사랑이 전부 아닙니까? 일이 없을 수 없지만 일 때문에 사랑을 버릴 수는 없는 일 아닙니까?

물론 목사님은 사랑이 넘쳐서 사역하셨습니다. 사랑이 많아서 사역을 쉬지 않으셨습니다. 사랑 때문에 내 몸이 닳아 없어져도 개의치 않으셨습니다. 그러나 사랑과 무관하게 교회 사역 구조 속에서 몸부림치는 안타까운 교역자들이 많다는 사실도 알고 계셨지요. 아마 그러다가 한계에 부딪쳐 진실로 거듭나기를 바라셨으리라 생각합니다. 그러나 어찌 그 일이 쉽겠습니까?

*

목사님!

제가 사역이 없고 훈련이 없고 직분이 없다고 하면 이 교회에 왔다가도 발길을 돌리는 이들이 더러 있습니다. 어떤 분은 노골적으로 질문합니다. 당신은 모든 제도가 다 갖춰진 교회에서 훈련받고 직분 받고 도움받아 목사가 되었으면서 어떻게 당신이 섬기는 교회는 그 모든 것을 갖추지 않고 이토록 불편하고 무성의한 목회를 할 수 있느냐고 묻습니다. 저는 별

답변을 하지 않습니다. 다 갖춰진 교회로 가시는 편이 이 교회를 그런 교회로 만드는 것보다 나을 것이라고 얘기합니다.

사실 제 불편이 훨씬 큽니다. 10년이 지났지만 교회가 시작되던 때와 크게 다르지 않습니다. 저는 그동안 거의 쉬지 않고 아침 예배와 주일 예배 설교만 해 왔습니다. 코로나 이후로는 수요, 금요 예배도 따로 드리지 않습니다. 성경 공부도 없습니다. 각자 성경을 읽도록 돕는 것이 전부입니다. 그런데 변화가 일어납니다. 기도가 달라집니다. 가정이 달라집니다. 일터까지는 잘 모르겠습니다. 성도들이 살아나는 것을 목격합니다.

저희는 아직 건물이 없습니다. 무상으로 임대해 주는 공간에서 매주 의자를 접었다 폈다 하고 있습니다. 덕분에 건물에 갇히지 않았습니다. 건물 밖의 교회로 시선을 돌렸습니다. 그동안 꾸준히 뭇별 예배를 드렸습니다. 성도 전체가 모여서 드리는 예배는 한 달에 한 번, 나머지는 흩어져서 소그룹으로 또는 공동체로 예배를 드렸습니다. 뭇별처럼 흩어지자고 붙인 이름입니다. 하나님이 아브라함 손을 잡고 밤하늘의 뭇별을 보며 일러 주신 말씀을 기억하고 붙인 이름입니다.

뭇별 예배와 함께 시선 예배도 드리고 있습니다. 하나님

아버지의 시선을 따라가는 예배입니다. 그 시선이 머무는 곳에서 형제자매들과 예배를 드립니다. 병원에 입원한 친구 병실에서, 시골에 계신 부모님 교회를 찾아가서, 순교지에서 함께 믿음의 선배들 족적을 되새기면서…그렇게 예배를 드립니다. 목사님께서 7년이 되면 다 떠나라고 하셨기에 흉내라도 내 보자고 내딛은 걸음이지만 생각대로 되지는 않았습니다. 더러는 이단이 아닌가 의심하며 떠나기도 했고 더러는 예전 교회로 돌아갔고 더러는 안락하게 예배 드릴 수 있는 교회를 찾아갔습니다.

하지만 놀라운 일이 많습니다. 그 얘기들을 여기에 어떻게 다 쏟아 놓겠습니까? 그동안 지켜보셨고 이미 알고 계시리라 믿기에 실은 목사님으로부터 이런저런 말씀을 듣고 싶은 마음이 간절합니다. 그런 여러 가지 결정을 해야 할 때마다 목사님 생각이 많이 났습니다. 분명한 음성을 듣고 선포하시던 밝은 얼굴이 떠오릅니다. 아! 저분은 하나님 뜻 안에 계시구나. 주님의 음성을 들으면 저토록 단순하고 대담하구나. 그런 생각을 했던 기억이 떠오릅니다.

*

목사님!

이렇게 혼자 말씀을 드리는 게 어쩌면 모두 자랑인지도 모르겠습니다. 솔직한 심경은 목사님 칭찬도 듣고 싶습니다. 주님으로부터 충성된 종이라는 말씀을 들으면 된다는 것 압니다. 그러나 목사님께서는 제가 교회에 첫발을 내디딘 때부터 눈길을 떼지 않으시고 기도와 말씀으로 인도해 주셨음을 알기에 보고드리고 야단이건 칭찬이건 꼭 몇 마디를 듣고 싶었습니다. 이제 10년이 지나니 목사님 곁으로 갈 시간이 그만큼 가까워진 느낌입니다. 그래서 꿈에라도 나타나셔서 말씀 좀 해 달라고 조를 생각도 사라졌습니다.

목사님께 감사해야 할 일 몇 가지가 있어 잊기 전에 말씀드리겠습니다. 먼저 미디어 사역입니다. 신학교를 마치고 귀국한 직후 선교방송 CGN을 맡으라고 하셔서 실은 아내와 조금 언쟁을 했습니다. 방송국 일을 하려면 MBC는 왜 사임했느냐고 따지는 아내에게 궁색한 답변을 했습니다. 얼마 지나지 않아 두란노 사역을 맡기실 때는 다소 혼란스러웠습니다. 한쪽은 적지 않은 헌금을 받아서 운영해야 하고, 다른 한쪽은 돈을 벌면서 일해야 하는 것이어서 목회와는 점점 거리가 멀어지지 않을까 염려한 탓입니다. 그러나 그 모든 일들이 정말

합력해서 선을 이루었습니다.

코로나 시대가 닥치면서 이러한 경험은 베이직교회 미디어 사역에 하나같이 큰 보탬이 되었습니다. 사실 교회 자원은 아무것도 없다시피 했지만 SNS 플랫폼은 돈 들이지 않고도 복음 사역을 확장할 수 있는 비밀 병기와 같았습니다. 목사님께도 한번 도전해 보시라고 권했던 트위터는 선교 사역에까지 도움을 주었습니다. 40만 팔로워가 모였고, 그 가운데 몇몇은 자발적으로 십여 개국 언어로 번역을 해서 메시지를 전했고, 페이스북도 3만 명이 넘는 사람들이 우물가에 모여서 두런거리듯 소통했습니다. 더구나 유튜브는 방송국을 선물해 준 것과 마찬가지입니다. 콘텐츠 비즈니스에서 경험한 것과 교회 미디어 사역을 통해 깨달은 메시지의 중요성이 SNS 목회와 전도에 새로운 활력을 선물해 주었습니다.

나이 마흔일곱에 처음으로 교회에 발을 내디딘 탓에 노방 전도 한 번 제대로 해 보지 못하고 목사가 되었지만, 이들 미디어는 새로운 노방 전도의 통로 역할을 단단히 해 주고 있습니다. 우연히 발길이 닿은 트위터, 페이스북, 유튜브를 통해 혼자서 예수님을 마음속으로 이미 영접하고 결국 교회까지 찾아오는 성도가 계속 눈에 띕니다. 더 놀라운 것은 제 발로 찾아오는 새가족의 70퍼센트가 목사님이 그토록 사랑을 기울인 20-30대 젊은이들이라는 사실입니다. 목사님이 들으시면 무척 기뻐하실 것 같아 자랑 좀 더하겠습니다.

목사님께서 맡겨 주셨던 '열린 예배'를 지난 10년간 '아름다운 동행 예배'로 계속해 왔습니다. 정장을 캐주얼로 갈아입는 품을 들이고, 설교 후에 안신기 목사님과 함께 Q&A를 진행하면서 교회 문턱을 낮춘 것이 아니라 아예 없애 버렸습니다. 무슨 질문이든 받습니다. 위험하지요. 그러나 대답을 못 해도 할 수 없다는 마음으로 즉문즉답을 해 오다 그 가운데 80개 문답을 이번에 『조정민의 답답답: 답답함에 답하다』(두란노)란 책으로 냈습니다. 목사님의 문서 사역을 근간으로 한 미디어 사역을 나름대로 이어받은 열매입니다.

*

목사님!

편지를 이만 줄이기에 앞서 이 말씀만은 꼭 드리고 싶습니다. 갓 문턱을 넘어온 새신자의 질문에 솔직하게 답해 주셨던 내용입니다.

"목사님, 교회가 무엇입니까?"

"교회요…교회는 제도가 되기 직전까지입니다."

"그러면 목사는 어떤 사람입니까?"

"목사요…목사는…괴물입니다."

목사님께서 가르쳐 주셨으니 결코 두 가지를 잊지 않고 마음속으로 다짐하며 걷습니다. "베이직교회는 제도가 되지 않을 겁니다. 제도가 되기 직전에 다 흩어지겠습니다. 그리고 정말 괴물이 되지 않겠습니다. 괴물이 될 만하면 주님께서 바로 데려가실 것을 믿습니다." 목사님께는 감사하다는 말로는 다 표현할 수 없는 감사를 품고 있습니다. 그래도 달리 무슨 말씀을 드리겠습니까? "목사님, 감사합니다. 곧 뵙겠습니다."

그리움을 한마음 가득 담아서
조정민 드립니다

그리운 H 전도사님께

김경은

*

장로회신학대학교 영성신학 부교수. 연세대학교 신학과, 연세대학교 연합신학대학원(Th.M.), 장로회신학대학교 신학대학원(M.Div.), 미국 포드햄 대학교(M.A.), 영국 에든버러 대학교(Ph.D.)에서 공부하였고, 서울 온누리교회와 보스턴 온누리교회에서 사역하였다. 기도 가운데 경험한 하나님의 사랑과 은혜가 너무 커서 그 기쁨을 다른 사람들과 나누고 싶은 마음으로 기도와 영성 지도를 가르치고 있다.

너무 오랜만에 편지를 드립니다, 전도사님.

사실은 사역자의 길에 들어선 이후 처음인 것 같습니다. 가끔 뵙기는 했지만 글로 제 이야기를 드린 적은 없었는데, 편지를 써야겠다고 생각하니 많은 생각과 감정이 한꺼번에 밀려옵니다. 전도사님의 권유로 중학교 3학년 때 처음으로 신학의 길을 생각하게 된 이후 지금까지의 시간이 선명하게 떠오르며 앞으로의 길에 대해서도 정돈된 마음을 갖게 됩니다.

처음 제게 신학 공부를 권하셨을 때 낯선 길이기는 했지만, 하나님의 일에 참여하게 된다는 생각에 설레기도 했고 결국 이 길을 가게 될 것 같은 어렴풋한 예감도 들었습니다. 초등학교 때부터 지녀 온 소중했던 꿈이 있었기에 아쉬움은 있었지만, 사역자의 길에 대한 망설임이나 두려움은 없었습니다. 오히려 막연한 기대감이 있었던 것 같습니다. 아마도 이 길이 어떤 길인지 잘 몰랐기 때문이었겠지요. 그 이후 크게 돌아가지 않고 한길로 올 수 있었던 것에 대해 감사한 마음입니다.

물론 젊은 시절에는 신학이 아닌 일반 학문을 공부했으면 어땠을까 하는 미련 섞인 생각을 한 적도 있었고, 이 길이 힘들고 외롭게 느껴질 때는 아쉬움 같은 감정이 일어나기도 했습니다. 하지만 선택의 갈림길에서는 항상 신학을 택했습니다. 지금 생각하면 하나님의 부르심을 희미하게나마 느끼고 서툴게나마 응답했던 것 같습니다. 기다리시는 하나님을 거절하지 말자는 단순하고 소박한 믿음이 제게 있었는데, 쉽지 않은 여건 속에서도 하나님의 일이라 생각되는 것을 가장 먼저, 정성껏 감당하시려는 전도사님의 모습은 저에게도 같은 갈망을 불러일으켰습니다.

전도사님의 인도로 고등학교 때 금요 철야 기도회에 참석하고, 방학에는 기도원에 며칠씩 가서 금식하며 기도하고, 학교에 오가며 아침이나 저녁에 교회에 들러 기도하고, 가정 예배를 드리고, 매일 시편을 외우곤 했던 일들이 제 영혼 깊은 곳에서 하나님을 향한 마음이 점점 커 가도록 이끌었던 것 같습니다. 그리고 부흥회가 한창이던 시절 저를 데리고 다니시며 기도의 맛을 알게 하신 덕분에 제가 기도하는 것을 좋아하는 사람이 되었고, 결국은 영성신학을 공부하고 기도와 영성 훈련을 가르치는 사역을 하게 된 것 같습니다. 대학 진학 준

비로 시간에 대한 부담이 없지는 않았지만 기도하는 것이 좋았고, 아침저녁 학교를 오갈 때 교회에 들러 기도하면 왠지 모를 마음의 평안을 느꼈습니다. 지금도 그때의 조용한 예배당과 평화로웠던 교회 앞마당이 많이 그립습니다.

    기도를 마치고 일어서 나올 때는 마음 가득 든든함 같은 것이 있었습니다. 하나님과 함께 세상으로 걸어 나간다는 확신 같은 감정이었습니다. 기도할 때마다 주눅 들지 않고 살아갈 수 있도록 힘을 주시는 것 같아 안심되었습니다. 그런 내적 기쁨이 있었기에 자주 교회에 들러 기도하고 여러 집회에 참여하는 것이 부담으로 다가오지 않았던 것 같습니다. 대학에 들어간 이후에도 전도사님은 제게 많은 것을 공부하도록 권유하셨습니다. 하지만 고등학교 때처럼 전도사님의 안내를 전적으로 따르지는 못했습니다. 제 나름의 생각과 판단이 더 옳다고 믿었던 것 같고, 스스로 하고 싶은 것을 해 보고 싶다는 충동이 있었습니다. 하지만 이후 학생들을 가르치는 사역을 하면서 학생들에게 더 많이, 더 잘 가르쳐 주고 싶다는 생각이 들 때는 전도사님의 권유를 더 잘 따랐으면 좋았겠다는 후회스러운 마음도 들었습니다. 그때는 나름대로 고민하고 결정했다고 생각했는데, 돌이켜 보니 그리 신중하지도,

분별력 있지도 못했던 시간도 많았던 것 같습니다.

그럴 때마다 저를 위해 해 주셨던 전도사님의 기도와 조언이 지금도 잊지 못할 응원이 되고 있습니다. 특히 신학 공부와 목회의 길을 준비하면서 여성이기에 느끼는 한계를 토로할 때마다 중도에 포기하지 말고 끝까지 가라고 당부하신 전도사님의 격려는 저에게 고비마다 길을 안내해 주는 표지판과도 같았습니다. 여성 목회자로서 여러 가지 어려움을 겪으셨음에도 전도사님은 제게 하나님은 모든 사람을 공평하게 사랑하시고, 남녀를 차별하지 않으신다는 믿음을 심어 주셨습니다. 그리고 앞으로의 시대에는 여성들이 이전 시대보다 훨씬 귀하게 쓰임받을 것이라는 확신을 주셨습니다. 그래서 현실의 벽 앞에 서서 좌절하는 마음이 들 때도 하나님에 대한 신뢰를 잃지 않도록 든든한 버팀목이 되어 주셨습니다.

*

목사 안수를 받고 공부에 대해 계획을 세우지도 못한 채 목회만을 생각하며 떠났던 미국에서 영성신학을 공부하게 되면서 저도 잊고 있었던 꿈을 하나님은 기억하고 계신다는 사실을 경험하게 되었습니다. 중학교 때 신학 공부를 하기로 결심한 이후로 학교에서 가르치는 일을 하고 싶다는 생각이 때로는 희미해지기도 했지만, 마음에서 떠나지 않았던 꿈이었다는 사실을 깨달았습니다. 그때 제가 공부를 끝까지 하기를 바라셨던 전도사님의 소원과 기도를 이루어 드린 것 같아 마음의 빚을 조금 갚은 느낌이었습니다.

저는 신학대학원 시절 남편을 만나 신학과 목회의 길을 함께 가고 있습니다. 같은 길을 걷다 보니 이제는 C. S. 루이스(Lewis)가 말한 것처럼 서로를 마주 보는 사이에서 함께 앞을 바라보며 걸어가는 거룩한 동반자로 느껴집니다. 지난날 전도사님이 제게 주셨던 사랑을 이제는 남편과 주고받으며 살려고 노력하고 있습니다. 아직도 부족한 점이 많지만, 서로가 영적으로나 인격적으로 성장하는 데 도움이 되는 사이가 되려고 합니다. 결실하며 살기 위해 더 채워야 할 것도 있고 더 비워야 할 것도 있겠지만, 변함없이 신실한 하나님의 사람들로 살기 위해 서로를 책임지는 사람들이 되겠습니다. 하지만 이 또한 저희의 힘이 아니라 성령님의 도우심으로만 가능하다는 것을 잊지 않겠습니다.

세월이 지나다 보니 이제는 어떤 자리에서든 책임감을 느껴야 하는 사람이 되었습니다. 전에는 배우고 싶은 분들을 찾았다면, 이제는 누군가에게 본이 되는 사람이 되어야 한다는 부담감을 느끼곤 합니다. 전도사님도 그러셨던 것 같습니다. 그다지 여유롭지 않은 형편 중에도 여러 신학생에게 장학금을 주시며 주님의 일꾼을 세우는 일에 참으로 헌신하셨던 기억이 납니다. 도움이 필요한 사역자들을 돕는 일에 늘 마음을 쓰셨습니다. 왜 그러시는지 여쭈었을 때 하나님께 은혜를 받고만 살아서는 안 된다고 하셨습니다. 더 많이 있다면 더 많이 하나님의 일을 위해 쓰고 싶은데 그러지 못해 안타깝다고 하셨습니다. 그렇게 하신 이유가 사역자로서 본이 되어야 한다는 마음의 표현이었다는 것을 이제 알게 되었습니다.

저에게도 그런 부담감이 생겼습니다. 가르치는 선생이 되었고, 여성 사역자나 부부 사역자들의 선배가 되었고, 성도들을 위한 목회자이자 사모이기도 합니다. 그들의 본이 되어야 한다는 부담과 함께 좋은 모범이 되고 싶다는 마음의 열망도 있습니다. 시간이 많이 흘렀는데도 아직 교회 현장에서 여러 제약을 경험하는 여성 목회자들을 생각하면 더욱 그렇습니다. 하지만 저의 부족함을 많이 느끼고 있기에 더 좋은 여성 목회자들이 많이 나타나기를 기도하고 있습니다. 그리고 여성 목회자들이 자유롭고 당당하게 활동하며 재능과 노력을 아름답게 꽃피울 수 있기를 기대합니다.

*

　남편과 함께 한국과 미국에서 목회하는 동안 많은 경험을 했습니다. 큰 기쁨과 보람의 시간도 있었지만, 인내와 아픔의 시간도 있었습니다. 만남의 기쁨, 영적 출산의 행복도 있었고, 떠남과 헤어짐으로 인한 슬픔도 있었습니다. 때로는 충만했지만 때로는 상실감을 느끼기도 했습니다. 그러면서 어느 목사님의 말씀을 마음에 간직하게 되었습니다. 사람은 믿을 존재가 아니라 사랑할 존재라는 것입니다. 하지만 그사이 하나님의 은혜로 살아오면서 이제는 하나님을 신뢰할 뿐 아니라 사람도 신뢰할 수 있다고 생각하게 되었습니다. 여러 모양으로 사람들로부터도 많은 은혜를 입으며 살아온 것 같습니다. 그리고 무엇보다 제가 신뢰할 수 있는 사람이 되어야겠다고 생각합니다. 전도사님이 늘 사람들을 믿으셨던 것처럼 저도 그런 마음으로 살고 싶습니다.

　누구보다 하나님을 사랑하며 살고자 열심이셨던 전도사님의 모습이 한편으로는 버거워 보이기도 했지만 존경스러웠습니다. 자신은 건강을 잘 돌보지 못하셨다고 하시며, 저에게는 몸도 잘 돌보면서 하라고 당부하셨던 말씀을 기억합니다. 오랫동안 병환으로 고생하시다 다소 일찍 하늘나라로 가셔야만 했던 당신의 안타까움으로 하신 말씀이셨지요. 항상 기도하셨던 전도사님, 하나님께 정성을 다하고 싶어 하셨던 전도사님, 가르쳐 주신 모든 것들 잘 간직하며 살겠습니다. 그리고 저를 통해서도 좋은 영향을 받는 후배와 제자들이 나오기를 기도하며 성실히 지내겠다고 떨리는 마음으로 다짐해 봅니다.

짧은 글이지만 전도사님께 편지를 쓰고 나니 치유가 되는 것 같습니다. 저의 인생을 정리하여 말씀드린 것 같고, 여기저기 흩어져 있던 삶이 하나로 모아지는 것 같습니다. 통합되는 것 같은 느낌이랄까요. 언젠가 다시 만날 날을 소망하며 글을 마치는 인사를 드리고자 합니다.

정말 사랑했습니다. 지금도 사랑합니다. 그리고 감사합니다, 베풀어 주신 모든 것에.

믿음의 딸
김경은 올림

한 영혼을 위한 헌신을 알려 주신
옥한흠 목사님께

고상섭

*

예수님을 만나면서 인생의 회심을, 옥한흠 목사를 만나면서 목회적 회심을 경험했다. 한 영혼을 제자 삼는 사역을 인생의 사명으로 생각하며 그사랑교회를 개척해서 섬기고 있다. 그사랑교회 성도들 한 사람 한 사람이 하나님 앞에서 가장 아름다운 인생의 열매를 맺는 것이 하나님이 주신 가장 위대한 소명이자 목적이라 생각하며 사역하고 있다. 제자 훈련 사역을 위해 은보포럼을, 복음적 교회 개척을 위해 CTCKOREA를 섬기고 있다.

목사님, 얼마 만에 불러 보는 이름인지 모르겠습니다. 벌써 소천하신 지 12년이라는 시간이 흘렀습니다. 처음 국제제자훈련원에 교육 전도사로 왔을 때, 목사님을 직접 뵙고도 믿기지 않을 정도로 얼떨떨했던 기억이 새롭습니다. 그곳에서 목사님과 함께 사역할 수 있었던 것은 하나님이 허락하신 귀한 선물 같은 시간이었습니다. 개인적으로 몇 번 뵙지 못했고, 깊이 있게 대화를 많이 나누지는 못했지만, 목사님의 목회 철학과 정신이 살아 있는 곳에서 옥한흠을 배우고 누릴 수 있어 참으로 행복한 나날이었습니다.

*

예수님을 만나 인생의 방황을 끝냈지만, 목회는 여전히 제게 캄캄한 어둠의 터널과 같았습니다. 저는 구원의 확신을 경험한 젊은 날에 선교단체 간사 출신의 리더를 만나 제자훈련을 처음 접하게 되었습니다. 성경 암송, 성경 공부, 전도,

소그룹 등 다양한 활동은 복음의 은혜와 젊은 날의 열정을 불사르게 했지만 늘 마음 한 켠에는 훈련을 통해 점점 교만해져 가는 저를 발견하면서 두려운 마음이 들었습니다.

『훈련으로 되는 제자』, 『제자 삼는 사역의 기술』(이상 네비게이토) 등을 탐독하면서 더 열심히, 더 강하게 훈련하면 예수님을 닮을 수 있다고 생각했지만, 저를 비롯한 많은 훈련생들은 비판과 갈등 그리고 교만의 문제를 해결하지 못한 채 자기들만 그리스도의 특별한 제자인 양 살았습니다. 그러나 교만은 늘 관계를 어렵게 만들었기에 내부 갈등의 문제를 해결하지 못하여 결국 선교단체식으로 운영되던 교회를 떠나게 되었습니다.

인간을 향한 배신감과 나 자신에 대한 실망에 빠져 신앙과 목회의 방황은 더 깊어졌습니다. '과연 제자 훈련은 사람을 변화시키는가?', '율법주의적 훈련으로 바리새인들을 양산하는 것은 아닌가?' 공장에서 물건을 찍어 내는 듯한 기계적인 관계를 통해 사람이 변화될 수 있는가 싶어 깊은 회의가 밀려왔습니다. 교회를 떠나온 뒤 인간에 대한 실망감으로 하루 종일 침대에 누워 의욕을 상실한 채 무기력증에 빠져 며칠을 보내기도 했습니다.

그 후 얼마간의 시간이 지나 회복될 즈음에 한 지역 교회 청년부를 맡아 사역을 시작했습니다. 잘못된 선교단체식 제자 훈련에서 벗어나려고 나름 노력했지만 방향을 알지 못하여 좌충우돌 이리저리 부딪치던 시절이었습니다. 열심은 있었지만 올바른 지식이 결여된 채 향방 없는 것처럼 허공을 향해 달리기만 했었습니다. 목회는 늘 미지의 영역이었고, 답을 찾지 못해 방황했습니다. 청년들과 깊이 교제할수록 더욱 방향이 없다는 것이 두려웠습니다. 그때 만난 것이 바로 목사님이 쓰신 『평신도를 깨운다』(국제제자훈련원)였습니다.

그 책을 통해 목회자의 역할이란 성도를 온전하게 하여 봉사의 일을 하게 하고 그리스도의 몸을 세우는 일임을 처음 알았습니다. 또한 목회자와 평신도가 구분되지 않는, 한 백성임을 새롭게 이해했습니다. 목회의 방향이 한 영혼을 위해 목숨을 버리신 예수 그리스도를 닮아 가는 것과 사람들을 예수님을 닮아 가도록 해야 하는 것임을 다시금 깨닫고, 그 과정이 바로 은혜여야 함을 비로소 알았습니다.

리처드 포스터(Richard Foster)가 말한 "사람은 훈련으로 변화되지 않고 은혜로 변화된다. 훈련은 은혜를 받기 위한 통로일 뿐이다"라는 이야기가 마음 깊이 새겨졌습니다. 또 목사님이 쓰신 제자 훈련 교재의 1권 1과가 '나의 신앙고백과 간증'으로 시작하는 것은, 사람을 변화시키는 것은 훈련이 아니고 구원의 감격, 즉 복음의 은혜가 순종으로 이어지는 과정이라는 맥락에서 쓰였다는 것도 알게 되었습니다. 사역 훈련 교재 1권에서 로마서 8장을 다루는 것도 사역을 행하기에 앞서 복음의 은혜가 훈련과 순종으로 이어지게 하는 첫 단추임을 비로소 이해하기 시작했습니다.

구체적으로 제자 훈련에 대해 명확하게 이해한 것은 아니었지만 당시 어둠 속에서 빛을 만난 것 같은 감격으로 신학교에 제자 훈련 동아리를 만들었습니다. 그 부족한 열정에도 하나님이 저를 국제제자훈련원으로 인도해 주셔서 목사님을 뵐 수 있었던 것은 정말 제 인생의 큰 복 중 하나입니다.

옥한흠의 한 영혼을 향한 철학이 흐르는 그곳에서 저는 목사님께 영향을 받은 또 다른 다양한 목사님들을 만나 그분들을 통해 정말 많은 것을 배웠습니다. 그곳에서의 3년은 저에게 꿈같은 시간이었습니다. 제자 훈련과 소그룹의 중요성에 대해서 뼛속 깊이 알게 되었고, 10년 동안 선교단체식 성경 공부를 인도했던 경험에 기초해 소그룹에 대해서는 자신 있다는 생각이 얼마나 주먹구구식이었는지를 깨닫고 회개하는 시간이었습니다. 한 영혼을 섬기기 위해서는 철저한 준비가 필요하고, 영혼이 변화되는 일은 목회자의 처절한 고민과 기도의 산물임을 몸소 경험할 수 있었습니다.

그뿐 아니라 양육과 훈련을 제대로 구분하지 못했으나 양육 소그룹과 리더 모임의 차이를 새롭게 배우면서 한 영혼을 섬기기 위해 준비해야 할 많은 것들이 있음을 알았고, 제자훈련에 대해 아무것도 모르면서 교만했던 저의 잘못된 생각을 내려놓을 수 있었습니다. 특히 CAL 세미나를 섬기면서 반복적으로 목사님의 광인론과 교회론, 제자도를 직접 들을 수 있었던 것은 스스로 목회 철학을 세우는 뼈대가 되었습니다.

늘 익숙한 이야기이고 다음에 무슨 내용이 나오는지도 알았지만, 들을 때마다 감격하며 도전받을 수 있었던 것은 바로 본질이 가지는 힘이 아닐까 생각합니다. 한 영혼을 위해 본질을 추구하셨던 목사님의 삶과 고민이 건강한 교회로 이어지는 과정을 지켜보면서 교회에 대한 새로운 꿈을 꾸게 되었습니다. CAL 세미나 등록을 받는 날이면 몇 분이 채 지나지 않아 마감되고, 수없이 울리는 전화를 받느라 정신이 없었던 기억이 새롭습니다.

이제는 목회 환경이 많이 바뀌었습니다. 언젠가 "나는 좋을 때 목회를 했다. 목사들이 존경받고 성도들도 순수했다. 그러나 너희가 목회를 할 때는 여건이 많이 바뀌어 있을 것이다. 참 힘든 시대에 목회를 하는구나. 미안하다"라고 하셨던 목사님의 말씀을 가끔씩 떠올립니다. 그러나 목사님은 본래 목회를 쉽게 하려고 하면 안 된다고 늘 말씀하셨지요. 제자 훈련 목회가 힘들고 어렵기도 하지만, 이제는 많은 목회자들이 제자 훈련보다는 다른 쪽을 선호하는 것 같습니다.

목사님 말씀처럼 오늘날의 목회자들이 좀 더 쉬운 목회를 찾고 있는 것인지, 아니면 목사님의 다음 세대가 목회의 본질인 제자 훈련을 시대에 맞게 소개하지 못하는 것인지 알 수 없지만, 이토록 성경적인 목회 철학이 제대로 잘 소개되지 못하는 것 같아 죄송한 마음이 들 때가 많습니다.

*

언젠가 〈복면가왕〉이라는 TV 프로그램에서 음악대장이라는 가수가 가면을 쓰고 등장한 적이 있습니다. 이미 고인이 된 가수 신해철을 존경하는 하현우라는 후배 가수가 가면을 쓰고 신해철의 노래를 몇 곡 불렀습니다. 후배 가수를 통해서 다시금 신해철의 노래가 불려지고 많은 사람들에게 신해철의 노래가 이렇게 좋은 노래였다고 회자되는 것을 보면서 한참 눈시울을 적셨습니다. 나도 음악대장처럼 존경하는 선배의 노래를 시대에 맞게 더 잘 불러서 고인이 된 선배의 명예를 높이고 싶다는 생각이 들었습니다.

제자 훈련 목회가 한때 유행하는 프로그램이 아니라, 목회의 본질임을 마음 깊이 새기고 있습니다. 부족하지만 목사님의 가르침을 따라 살아가려고 여전히 노력하고 있습니다. 천국에서 목사님과 또 예수님을 뵐 텐데, 그때 드릴 말씀이 있는 인생을 살다가 갈 수 있으면 좋겠습니다.

목회란 한 영혼을 위해 목숨을 거는 것임을 당신의 삶으로 가르쳐 주신 목사님. 매년 9월 2일 목사님의 기일이 돌아올 때마다 목사님의 설교와 찬양 그리고 저서를 읽습니다. 로마서 설교 후에 "사막에"라는 찬양을 소리 높여 목청껏 부르시던 장면이 눈앞에 생생합니다. 은혜의 발걸음이라는 '은보'라는 호가 있지만, '광인 옥한흠'으로 많은 사람들이 기억하는 것은 CAL 세미나 첫 번째 강의인 '광인론'과 광인처럼 한 영혼을 위해 쏟아부으셨던 목사님의 삶 때문인 것 같습니다.

부족하지만, 목사님의 가르침을 따라 한 영혼을 위해 목숨을 거는 광인으로 살아가겠습니다. 우리 교회 모든 성도들이 예수님의 모습을 닮아 가는 제자의 삶을 살아갈 수 있도록, 또 목회의 본질인 제자 훈련 목회를 통해 더 많은 목회자들이 참된 행복과 기쁨으로 목회할 수 있도록 돕는 일에 최선을 다하겠습니다.

이것이 저의 인생을 구원하신 예수님께 은혜를 갚는 길이며, 미궁에 빠져 있던 제 목회 여정에 한 줄기 빛이 되어 주신 목사님께 은혜를 갚는 길이라 생각합니다. 지금도 목사님의 가르침은 저에게 어디로 가야 할지에 대한 방향을 제시해 줍니다. 목사님이 과거 성도교회 대학부를 맡으셨을 당시 "이 일을 하다가 죽어도 내가 주님 앞에서 내 할 일을 하다가 가는 것이라는 생각뿐이었다"는 말씀은 지금도 음성이 지원되는 것처럼 귓가에 쟁쟁하게 들립니다. 삶에서 나태해질 때마다 이 문장을 계속 곱씹어 봅니다. '나는 정말 한 영혼에게 미쳐 있는가?' 다시 한번 저를 되돌아봅니다. 한 영혼에 미치는 광인으로 살아가겠습니다.

언젠가 사진집에 큰 의미 없이 편하게 써 주셨을 문구가 제 인생의 이정표가 되었습니다.

"고 강도사, 계속 발전하기 바란다." -옥한흠

강도사를 지나 이제 목사가 된 지 벌써 15년이 다 되어 가지만, 계속 발전하고 있는지 스스로 돌이켜 봅니다.

우리가 그를 전파하여 각 사람을 권하고 모든 지혜로 각 사람을 가르침은 각 사람을 그리스도 안에서 완전한 자로 세우려 함이니 이를 위하여 나도 내 속에서 능력으로 역사하시는 이의 역사를 따라 힘을 다하여 수고하노라. (골 1:28-29)

바울처럼, 옥 목사님처럼 각 사람을 그리스도 안에서 완전한 자로 세우려 하는 그 일에 내 속에서 역사하는 이의 역사를 따라 저도 힘을 다하여 수고하겠습니다.
사랑합니다. 죄송합니다. 기도합니다.
그리고 보고 싶습니다.

2022년 11월
고상섭 드립니다

복음을 가르쳐 준 스승, 팀 켈러 목사님께

이정규

*

교회의 가장 중요한 사명은 예수 그리스도의 복음을 즐거워하는 것이라는 확신을 가지고, 2011년 4월에 시광교회를 개척했다. 주로 설교, 목양, 비전 제시, 집필을 하며, 이를 통해 예수 그리스도와 그분이 하신 일을 높이고 싶어 한다. 아내와 두 딸과 함께 구로구 오류동에서 살고 있고, 『예수님의 기도 학교』(IVP), 『새가족반』(복있는 사람), 『야근하는 당신에게』(좋은씨앗) 등의 책을 썼다.

저는 목사님을 직접 뵌 적이 없습니다. 목사님이 리디머 장로교회에서 하신 수백 편의 설교를 모조리 듣고 읽었고, 쓰신 책과 기사를 전부 찾아 읽긴 했지만, 실제 목사님과는 일면식도 없지요. 심지어 2018년 목사님께서 한국에 오셨을 때도 저는 그 자리에 있지 않았습니다. 당시 저는 섬기던 교회의 여러 문제들을 해결하기 위해서 고민하고 있었습니다. 개척 8년차를 맞은 초보 목회자로서 이제 수적으로 성장하기 시작한 회중을 어떻게 섬겨야 할지 잘 몰랐기 때문입니다.

제 소개를 잠깐 할까요? 저는 2011년에 서울의 구로디지털단지 근처에 교회를 개척해서 지금까지 섬기고 있는 40대 중반의 젊은 목사입니다. 이곳은 수많은 IT 회사들이 몰려 있어 그곳에서 일하는 젊은 노동자들이 살고 있는 지역이지요. 그래서 제가 섬기는 교회의 압도적 다수가 IT 회사에서 일하는 젊은 직장인들입니다. 그리고 우리 교회를 이루는 대다수의 사람들은 어렸을 때 교회 안에서 성장했지만, 성인이 된 이후에 교회에 잘 다니지 않다가 저희 교회에서 신앙을 가지게 된 사람들이지요. 아마 이 현상은 목사님께도 익숙할 것입니다. 리디머 장로교회에서 늘 있었던 일일 테니까요.[1] 그리고 제가 이러한 현상을 경험하게 된 것도 목사님이 가르쳐 주신 귀중한 소명을 마음에 품고 적용했기 때문입니다. "복음을 그들에게 제시하되, 그 복음이 약속하는 경이로운 사실들이 얼마나 아름다운지를 보여 주는" 일 말이지요.

저는 20세에 신앙을 가지고 20대 후반에 마틴 로이드 존스 목사님의 설교집을 읽으며 복음을 깨달았습니다. 이후 로이드 존스의 소개를 통해 에드워즈나 청교도들 그리고 개혁주의 신앙에 깊은 관심을 갖게 되었지요. 직장인이었던 저는 30대 초반에 교회를 개척했고, 건강하고 바른 교회를 세우는 일이 바로 이 개혁주의 신앙에 근거한 실천에 달려 있다고 믿었습니다(그리고 그 믿음은 지금도 유효합니다). 그래서 강해 설교와 교리 교육, 바른 교회론에 근거한 치리 등이 잘 이루어지면 건강한 교회가 세워질 거라고 생각했지요. 하지만 그 이면에는 저 스스로도 몰랐던 율법주의적 정신이 숨어 있었고, 당신이 가르쳐 준 교훈을 통해 문제가 무엇인지 깨달아 가며 치유되기 시작했습니다. 그래서 저는 당신이 제게 가르쳐 준 교훈을 세 가지 정도로 말해 보려고 합니다(당신의 설교가 늘 세 가지를 가르쳐 주고, 그 세 가지가 연결되어 있듯 말이지요).

첫째, 저는 당신에게 복음을 적용하는 법을 배웠습니다.

많은 청교도들, 개혁주의 신학자들과 목회자들, 제가 좋아하는 그 영웅들은 모두 이신칭의와 의의 전가를 가르쳐 주었습니다. 저는 이 진리를 통해 자유와 만족을 얻었습니다. 그리스도의 형벌 대속 교리는 엄청난 감동을 안겨 주었지요. 신이 사람이 되어 나와 같은 삶을 사시다가, 내가 받아야 하는 진노와 저주를 대신 떠안고 죽으시며 부활하셨다니. 하지만 저는 이 모든 감동적인 교리를 일상생활에 어떻게 적용할지를 몰랐습니다. 제가 어떻게 적용해야 하는지 몰랐으니 회중에게 어떻게 적용시켜야 하는지도 알 수 없었지요. 물론 적용에 신경을 쓰기는 했지만, 성경이 말하는 복음과 회중의 삶에서 필요한 적용은 늘 따로 놀기 일쑤였습니다. 그래서 적용은 종종 율법주의적이 되었지요.

제가 최초로 읽었던 목사님의 설교가 기억납니다. 여러 목사님들이 에드먼드 클라우니(Edmund P. Clowney) 교수님을 기념하며 냈던 설교집에 실린 "아무도 원하지 않던 여인"이라는 설교 말이지요.² 버림받은 레아에 주목하며 로맨스에 지친 인생들을 위로하고, 로맨스를 통해 구원을 바라는 우상을 지적하며, 그리스도로 인한 구원을 선포하는 그 설교는 제게 엄청난 충격을 주었습니다. 특히 이 부분이요. "오 그렇습니다! 그분이 바로 아무도 원치 않던 남자가 되셨습니다. 그분은 구유에서 태어나셨습니다. 그분은 우리가 흠모할 만한 아무런 아름다움도 지니지 않고 오셨습니다. 그분이 자기 백성에게 오셨으나 백성들은 그분을 거절했습니다. 그리고 결국, 누구도 그분을 원치 않았습니다. 모두가 그분을 버렸습니다. 심지어 하늘에 계신 아버지조차도 그분을 원치 않으셨습니다."³

저는 그리스도의 형벌 대속 교리를 이토록 아름답게 적용한 사례를 결코 보지 못했습니다. 엄청난 전율이 일었지요. 이후 목사님의 설교를 하나씩 차근차근 읽어 가며 복음을 어떻게 적용하는지를, 특히 어떻게 그리스도 중심적으로 설교하는지를 배웠습니다. 이전에도 저는 설교 때 그리스도를 선포하려고 노력했지만, 그것이 삶의 적용과 이어지지는 않았습니다. 하지만 목사님의 설교를 들으며 복음을 제 삶에 적용하는 것을 배웠지요. 또 하나의 예를 들자면 목사님이 2002년 2월 24일에 설교하신 "자신을 잊는 사람이 누리는 복"이라는

설교입니다.[4]

저는 이 설교에서 진정한 자존감이란 무엇인지 배웠습니다. 그리고 그 자존감은 바로 하나님의 법정에서 의롭다고 여김받은 사람, 칭의를 경험하고 묵상한 사람만이 얻을 수 있다는 것을 알게 되었지요. 자기를 높게 생각하지도 않고, 그렇다고 낮게 생각하지도 않는, 그냥 자기 자신에 대한 생각을 덜 하는 사람이 누리는 자유 말입니다. 이 말은 저를 자유케 했습니다. "이미 재판이 끝났는데도, 어째서 자신은 여전히 법정에 남아 있는지 스스로 깊이 물어보십시오. 그곳은 우리가 있어야 할 자리가 아닙니다. 재판은 이미 끝났습니다."[5]

항상 설교단에 올라갈 때, 저는 피고석에 올라가는 기분이었습니다. 저는 설교로 자신을 구원하고 변호하려 들었지요. 그리고 설교를 마친 후에는 늘 교만하여 의기양양하거나, 재판에서 패소한 죄인이 되어 초라한 마음을 가지고 내려갔습니다. 저는 저를 구원하신 분을 설교로 선포하고 자랑하기보다는, 설교를 사용하여 저를 구원하려 들었지요. 하지만 목사님의 설교를 읽고 저 자신에게 스스로 질문할 수 있었습니다. "그리스도께서 나 대신 재판을 받으심으로 나를 의롭다고 하셨다면, 왜 나는 설교단에 오를 때마다 여전히 나를 법정으로 끌고 가는 거지?" 여전히 씨름을 하기는 하지만, 그때부터 저는 자유로워질 수 있었지요.

이 외에도 수없이 많은 예를 들 수 있습니다. 그리고 그 모든 예들이 저를 먼저 복음으로 자유케 하며 순종하게 했고, 그렇기에 회중을 복음으로 인도할 수 있게 했습니다. 저는 복음을 논리적으로 이해할 뿐 아니라 제 삶에 적용하는 법을 배웠고, 제가 섬기는 회중 역시 그러한 복을 누렸습니다.

둘째, 저는 당신에게 겸손이 나를 성장시킨다는 것을 배웠습니다.

개혁주의 신학을 배우던 초기에 제 마음 안에 있던 교만한 율법주의적 정신은, 저로 하여금 많은 그리스도인들을 차별하고 무시하게 만들었습니다. 사실 목사님의 설교를 접한 것은 참 오래전의 일이었습니다. 하지만 초기에 제가 목사님의 설교를 들었을 때는, 종종 인용하시는 사람들이 마음에 들지 않았지요. 제가 듣기에 목사님은 개혁주의 신학자였는데, 제 생각에는 의심스럽고 문제 많은 신학을 가진 사람들의 글과 말을 너무 많이 인용하는 것 같아 기분이 상했습니다.

이러한 생각 이면에는, 이신칭의를 머리로는 믿지만 삶으로는 전혀 이해하지 못한 제 마음의 교만이 숨어 있었습니다. 저는 특정인들에게만 배울 것이 있다고 믿었습니다. 하지만 목사님의 설교를 통해, 저는 그 누구보다도 더 통렬히 제가 죄인임을 배웠습니다. 그래서 누구든 배울 것이 있다면 그것은 하나님의 은혜로부터 온 것이고, 누구든 잘못된 점이 있다면 그것은 우리 모두가 지니고 있는 죄성으로부터 비롯됨을 이해했지요. 그리고 제 마음이 더 넓어졌습니다. 그래서 제가 믿고 있는 좁은 세계의 그리스도인들의 말에서만 배울 것이 있는 것이 아니라 하나님 나라 백성들 모두로부터 배울 것이 있음을 알게 되었지요. 더하여 하나님의 형상으로 창조된 모든 사람들에게서 배울 것을 발견하기 시작했습니다.

놀라운 것은, 겸손과 지식은 짝을 이루고, 교만과 어리석음 역시 짝을 이룬다는 사실이었습니다. 마음이 교만하여 배울 것이 없다고 말할 때는 보이지 않던 수많은 통찰과 지혜들이, 내가 죄인이기에 모두에게 배워야 한다고 믿고, 모두가 하나님의 형상이기에 모두에게 배울 것이 있다고 믿기 시작하니 보였습니다. 처음에는 목사님이 그 수많은 사람들을 인용하며 설교하시는 것이 단순히 똑똑하기 때문이라고 생각했는데, 지금 와서 보니 겸손했기 때문이라는 사실을 알게 되었습니다. 그러니 로스 다우섯(Ross Douthat) 같은 저널리스트로부터 "대중적 대화에서는 보편 교회적인 반면, 예배와 성찬에 있어서는 당당히 신앙고백적"이라는 평가를 들었겠지요.[6]

목사님의 동역자인 스캇 솔즈(Scott Sauls)를 아실 겁니다. 그분이 쓴 글 역시 읽어 보셨겠지요.[7] 스캇 솔즈 목사님이 당신을 기념하며 쓴 글에 보면, 종종 팀 켈러 목사님은 비판을 받지만 그것은 대부분 부당한 비판이라고 말해 줍니다. 그런데 그러한 비판은 당신에게서 최악의 모습이 아니라 최상의 모습을 이끌어 낸다고 하더군요. 저도 그러한 사람이 되고 싶습니다. 겸손하기 때문에 더 많이 배우는 사람. 낮아지기 때문에 높아지는 사람. 자신을 부인하기 때문에 오히려 진정한 자아를 찾는 사람 말입니다.

셋째, 저는 당신에게 예수 그리스도를 배웠습니다.

물론 저는 당신으로부터 그리스도 중심적 설교를 배웠습니다. 구속사적이고 그리스도 중심적인 방식으로 성경을 읽어 내는 것이 옳다고 믿었기에, 항상 설교에서 예수 그리스도를 선포하려고 했지요. 그렇기에 목사님의 설교는 제게 일종의 마법과 같았습니다. 어떤 본문이든 그 본문 안에서 예수님이 자연스럽게 등장했고, 그분의 십자가와 부활이 순종의 근거와 동력으로 제시되었으니까요. 처음에 저는 이것이 일종의 기술이라고 생각했습니다. 그리고 어떻게 이 기술을 습득할지 골몰했었지요.

하지만 목사님의 설교를 계속 들으면서, 저는 이것이 단순한 기술 이상이라는 것을 알게 되었습니다. 설교의 여러 부분에서 저는 예수님이 단순히 제시되고 선포되는 것뿐 아니라 높여지고 찬양받는다는 느낌이 들었습니다. 예수님을 말하는 목사님의 표현은 설교자의 설명이나 선포이기도 했지만, 연모하는 대상을 말하는 연인의 사랑 고백처럼 들렸지요.

혹시 2020년 6월 8일, 페이스북에 목사님이 올린 포스팅을 기억하시나요?[8] 췌장암에 걸린 까닭에 기도를 부탁한다고 남기셨던 글 말입니다. 그날 저는 하루 종일 참 슬펐습니다. 목사님을 대면한 적이 없었지만, 당신을 통해 목양을 받았기에 느꼈던 슬픔이었지요. 그렇지만 이 글을 통해 저는 큰 위로를 얻기도 했습니다. 글 마지막에 당신은 이 투병 생활을 인내할 수 있도록 기도를 부탁하며 이렇게 말했지요.

예수님께서 저를 위해 훨씬 더 무한히 힘든 경주를 기쁨으로 달리셨기에(히 12:1-2), 저도 제 앞에 놓인 경주를 기쁨으로 달리려 합니다.

처음 든 생각은 이랬습니다. "흐음…이분은 자신이 암에 걸렸다고 기도 부탁하는 말조차 그리스도 중심적으로 하는군." 왜 그랬을까요? 아마 예수 그리스도는 목사님 설교의 필살기 정도가 아니라, 목사님 삶의 구원자이자 아름다움이요, 최고의 갈망이기 때문이겠지요? 최소한 저는 그렇게 느꼈습니다. 우리는 늘 마음에 가득한 것을 입으로 말하니까요(눅 6:45).

데인 오틀런드(Dane Ortlund)는 목사님의 책 『센터 처치』(두란노)에 대한 서평에서, "켈러의 가르침을 통해 복음이 경이롭다는 것에 눈을 뜬 사람들은…켈러의 설명에 대한 그들의 열정이 앵무새처럼 의미 없이 반복되지 않도록 힘써야 한다. 그들은 자신이 처한 상황 가운데서 자신만의 방식으로 표현하는 방법을 찾아야 한다"[9]라고 경고했지요. 목사님의 가르침을 통해 복음이 경이롭다고 느낀 저는, 당신의 말을 앵무새처럼 반복하려 들지 않고 제가 경험한 예수 그리스도를 제가 처한 목회적 상황에서 저만의 방식으로 표현하려 노력해야 할 것입니다. 저는 이것이 어려운 도전이지만, 기교와 능력의 문제라고는 생각하지 않습니다. 당신이 만나고 기뻐한 그 예수 그리스도를 제가 알고 사랑하고 누리며 기뻐한다면, 저 역시 마음에 가득한 그분을 입으로 말하지 않을까요?

아마 당신이 이미 알고 있을, 그리고 당신이 좋아할 이 말을 기억하며 편지를 마치고 싶습니다. 로버트 머리 맥체인(Robert Murray McCheyne)의 말이지요. 이 말을 통해, 이 편지의 끝이 목사님을 향한 감사의 표현인 동시에 우리 모두의 구주이신 예수 그리스도를 향한 찬양이 되었으면 좋겠습니다.

주 예수를 힘써 배우게. 자신을 한 번 주목할 때 그리스도에 대해서는 열 배로 주목하게. 그리스도는 참으로 사랑스러우신 분이라네. 그토록 무한한 위엄 가운데 계시면서도 죄인들을 향해 한없는 은혜와 자비를 베푸시네. 죄인의 괴수에게조차 말일세. 하나님의 미소를 한껏 누리게. 그분의 빛나는 광채에 온몸을 녹이게.[10]

당신이 보지 못한 당신의 열매
이정규 드림

1   팀 켈러 외, 『복음만이 모든 것을 바꾼다』, 장성우 옮김(서울: 두란노, 2019), pp. 32-33.
2   Timothy J. Keller, "The Girl Nobody Wanted: Genesis 29:15-35," in *Heralds of the King: Christ-Centered Sermons in the Tradition of Edmund P. Clowney* (Wheaton, IL: Crossway, 2009).
3   위의 책, p. 70.
4   팀 켈러, 『복음 안에서 발견한 참된 자유』(복있는사람)로 출간됨.
5   위의 책, p. 62.
6   로스 다우섯, 『나쁜 종교』, 이진복, 이항표 옮김(서울: 인간희극, 2017), p. 396.
7   https://scottsauls.com/blog/2020/06/19/tim-keller.
8   https://www.facebook.com/TimKellerNYC/posts/pfbid02yT4NDnshii12n9QKQ4NdeiD2JGxpE9Pi8jBrvwyzW8CoHWdbjEvvuxnEzK1GYHZNl 최종접속 2022. 11. 16.
9   Dane Ortlund, "Reflections on Gospel Renewal," in *Shaped by the Gospel: Doing Balanced, Gospel-Centered Ministry in Your City, Center Church* (Grand Rapids, MI: Zondervan, 2016), p. 165.
10 마이클 리브스, 『그리스도, 우리의 생명』(복있는사람), pp. 11-12에서 재인용.

2부

아버지의 이름으로

한 사람이 진실한 그리스도인으로 사는 것
그리고 한 교회가 진정한 믿음의
공동체가 되는 것이 세상을 위해 할 수 있는
최고이자 최선의 공헌이라고 믿어.
크든 작든, 유명하든 무명하든,
네가 그 일에 마음 두고 일관되게 걷는다면
그것으로 나는 충분히 행복하고 기쁠 것이다.

한 방향으로의 지속적인 순종:
목사 아버지가 목사 아들에게

김영봉

*

미국 버지니아주에 있는 와싱톤사귐의교회를 섬기고 있다. 캐나다 맥매스터 대학교에서 신약학 연구로 박사 학위를 취득한 후 1992년부터 2002년까지 협성대학교에서 신약학을 가르쳤고, 이후 미국에서 목회하고 있다. 저서로는 『사귐의 기도』, 『바늘귀를 통과한 부자』, 『가장 위험한 기도, 주기도』(이상 IVP), 『설교자의 일주일』, 『나는 왜 믿는가』(이상 복있는사람) 등이 있다.

1

아들아, 네가 목회의 길에 들어선 것이 벌써 10년이 넘어가는데 나의 속마음을 전할 기회가 없었던 것 같구나. 그동안 기회 될 때마다 생각을 나누기는 했지. 아들과 같은 길을 가면서 때로 공동의 관심사를 두고 이야기를 나누는 것은 아버지가 누릴 수 있는 특별한 축복이란다. 얼마 전, 이 서간집을 위해 글을 써 달라는 청탁을 받고 너에게 나의 마음을 전하는 기회로 삼으면 좋겠다고 생각했다. 이런 기회가 또 있겠니?

내가 처음 담임 목회를 시작할 때가 생각나는구나. 돌아가신 네 할아버지는 이름 없는 촌부이셨지만 당신 자신과 당신이 속한 공동체에 대해 높은 기준을 가지고 사셨지. 그로 인해 장로로 교회를 섬기시면서 목회자들과 자주 갈등을 겪으셨다. 목회자들의 말과 행실이 당신의 기준에 맞지 않는 경우가 많았던 것이지.

그 모습을 지켜보며 자랐기에 내가 목사가 되었을 때 가

> ### 당부의 말
>
> 1. 왕으로 군림하지 말고 종으로 봉사하라
> 2. 영광은 주남께 명예는 성도들께 모두 돌리라
> 3. 사람 앞에서 남의 말은 장점만 찾아하라
> 4. 내 뜻이나 계획도 성도들의 뜻으로 만들어 졌을때 행하라
> 5. 교회의 법과 질서도 민족의 윤리와 도덕과 예절의 터 위에서 지키라
> 6. 많이 배우고 듣고 행하되 입으로 가르치려고는 하지 말라
> 7. 생각하여 하지말고 성령 받고 영감으로 설교하라
> 8. 대접받고 인정 받을수록 두려워하고 낮아지라
> 9. 공사를 분명히 하고 셈을 명확히 하라.
> 10. 재물과 명예보다 체면을 더 중시하라
> 11. 들리는 말보다 들리지 않는 말을 들을 줄 알라
> 12. 언제까지나 처음 갖을 때의 마음과 태도로 살라
>
> 1990. 7. 28   아버지 김정섭
>   어머니 홍경순

장 큰 소망은 할아버지의 높은 기준을 만족시키는 것이었어. 그래서 첫 담임목회를 시작하면서 할아버지께 부탁드렸다. 아들 목사에게 바라는 점들을 정리해 달라고 말이야. 할아버지도 그 부탁이 마음에 드셨던지, 수일 동안 종이에 무엇인가를 썼다 버렸다를 반복하셨단다. 일주일쯤 지난 후에 열두 가지 항목으로 당신의 생각을 정리하여 친필로 적어 주셨지.

김영봉

나는 그것을 할아버지의 유언으로 알고 실행하기 위해 노력해 왔다. 지금도 할아버지께서 써 주신 글을 액자에 담아 서재 가장 중요한 곳에 걸어 두고 있지.

그때는 내가 할아버지께 부탁드렸는데, 지금은 네가 구하지도 않은 말을 내가 쓰게 되었구나. 네가 먼저 구한 글은 아니지만, 네게 귀한 선물로 남기를 바라는 소망으로 내 마음을 전한다.

2

내가 신학교 교수로 있을 때 초등학생인 너는 외할아버지께서 담임하시는 교회에 다녔지. 담임목사의 손자이니 교인들은 너를 볼 때마다 "너도 목사 될 거니?" 하고 묻곤 했었지. 어린 시절부터 너는 그 질문에 쫓겨 다녔다고 했어. 교인들은 무심코 한 번 던진 질문이지만, 너에게는 거듭 받는 질문이 되었으니 힘들었겠지. 언제부터인가 너는 예배당 입구에 자전거를 세워 두고는 끝나자마자 쏜살같이 사라지곤 했지. 그때 네가 스스로를 '두더지'라고 별명 지은 것을 기억한다. 사람들의 관심으로부터 숨고 싶은 마음이 표현된 것이겠지.

그것이 너에게 지나친 부담이 되지 않을까 염려했었는데,

초등학교를 졸업하고 미국 생활을 시작하면서 그런 일이 줄었지. 어느새 너도 '두더지'라는 별명을 버리더구나. 이번에는 아버지가 담임하는 교회에서 신앙생활을 해야 하는 처지에 놓였지만, 미국 교회 교인들은 그런 질문을 하지 않았지.

목사 자녀가 아버지 교회에서 신앙적으로 건강하게 자라는 것은 쉬운 일이 아님을 알기에 나는 너와 네 동생의 믿음을 위해 기도하며 지나친 간섭과 방임 사이의 길을 찾느라 고심했다. 나는 신앙인과 목회자로서의 나의 성패는 너희 남매가 건강한 신앙인으로 자라느냐에 의해 판가름 난다고 생각했다. 그래서 더욱 조심했던 것 같다.

자녀의 신앙이 전적으로 부모에게 달려 있는 것은 아니지. 하나님을 부정하며 악하게 사는 부모의 자녀도 신실한 믿음의 사람이 될 수 있고, 신실한 믿음의 사람이 자녀의 불신앙과 죄악의 문제로 고통받는 경우도 있다. 그러니 자녀가 신실한 신앙인으로 자랐다고 해서 부모가 자랑할 것이 없고, 그렇지 않다고 해서 부모가 자책할 이유도 없다. 하지만 부모의 역할은 자녀의 신앙 성장에 있어서 가장 중요한 요인이라는 점에는 아무도 이의를 달지 않을 것이다. 너도 너 나름대로 회의와 방황의 시간을 거쳤겠지만 결국 믿음 안에 뿌리를 내리고 스스로의 결단으로 목회의 길에 들어선 것에 대해 나는 그저 감사할 뿐이다.

　미국에 온 이후 대학을 졸업할 때까지 나는 너에게 "혹시 신학을 공부할 생각이 들어도 꿈도 꾸지 말아라. 네가 준비되었다고 느끼기 전까지 내가 허락하지 않을 거다"라고 말했던 것을 기억할 것이다. 속마음으로는 네가 목회의 길을 가게 되기를 바랐고 또한 그렇게 기도했다. 그것이 너무 귀한 일임을 알기에 나는 할 수 있는 대로 너의 결정을 미루게 하고 싶었다. 목회의 길이 어떤 것인지를 네가 충분히 생각하고 마음의 준비가 된 후에 결정하는 것이 옳다고 믿었기 때문이다. 네 할아버지도, 고등학교 졸업하고 바로 신학대학에 가려는 내 뜻을 막으셨지. 그때는 내 마음을 몰라 주시는 할아버지가 야속했는데, 나중에 나는 그것이 나를 충분히 준비시키기 위한 하나님의 섭리라고 받아들이고 감사했단다.

　대학 졸업반에 이르렀을 때, 너는 미래의 진로를 두고 소울 서칭(soul searching)을 시작했지. 대학원 진학도 생각했고, 미군에 입대할 생각도 했지. 그때 나는 네게 "이제는 허락할 테니 목회의 길에 대해서도 기도해 보아라" 하고 말해 주었지. 나중에 알게 되었지만, 너는 여전히 "너도 목사 될 거니?"라는 음성에 시달리고 있었더구나. 아무도 그런 질문을 던지지 않았는데, 어릴 때 들었던 그 질문이 네 마음속에서 울리고 있었던 것이지. 프랜시스 톰슨(Francis Thompson)이 '하늘의 사냥개'의 추적에 쫓겨 다닌 것처럼 너도 그 음성에 쫓겨 다녔더구나. 마지막 겨울 방학이 끝나갈 때, 너는 한밤중에 버지니아에서 애틀랜타로 운전해 가는 중에 고속도로 한 켠에 차를 세우고 "주님, 순종하겠습니다"라고 항복했다지. 그 질문을 하나님의 부름으로 받아들인 것이지.

그로부터 10년이 지나고 있다. 그 이후로 나는 가끔 네가 다른 무엇을 했으면 내가 더 기뻤을까, 하고 자문해 보았다. 고액 연봉의 직장인이 되어 풍요를 구가하며 살았다면 더 기뻤을까? 다른 어떤 분야에서 명성을 날리는 사람이 되었다면 더 좋았을까? 사회인으로서 큰 업적과 성취를 이루었다면 어땠을까?

자녀가 그런 일들을 이루면 부모는 자랑스럽게 느끼는 법이지. 나도 그랬을 거야. 하지만 지금의 너로 인해 느끼는 기쁨과 감사는 경험하지 못했을 것이라는 생각이 들었다. 목회가 아니어도 충분히 의미 있는 삶을 살 수 있겠지만, 목회의 길에는 다른 길에서는 결코 경험할 수 없는 특별한 기쁨과 감사가 있기 때문이다. 나는 그것을 더 귀하게 여긴다. 그래서 목회자로서의 나의 인생에 만족하고 있고, 너로 인해 기뻐하고 있다.

3

다른 선택이 가능함에도 목회의 길에 들어선 것은 그 자체만으로 감사한 일이라 할 수 있지. 세속적인 기준으로 불리한 길을 택한 것이니 그렇다. 그 선택이 너와 하나님 사이에서 일어났다는 점에서도 그렇다. 자신이 하고 싶은 일을 추구하는 것이 아니라 자신을 향한 부름을 찾고 그 부름에 순종하는 것이어서 또한 그렇다.

이제 과제는 네가 목사로서 어떤 사람이 되고 어떻게 살아가느냐, 어떤 목회를 하느냐에 있다. 선택은 한순간에 완성되지만, 선택 이후에는 부르심을 따라 매일을 살아가는 긴 여정이 이어진다. 그것은 지난하고 힘겨운 과제다. 그래서 목회의 길을 가는 너를 보면서 기쁨과 감사를 느끼는 한편, 염려의 마음도 가지고 있다. 그것이 엄마와 내가 너를 위해 더욱 기도하게 되는 이유다.

너를 위해 기도하면서, 네가 목회 여정 중에 어떻게 하면 내가 가장 기쁠까 하는 질문을 해 본 적이 있다. 교회를 부흥시키는 '성공적인' 목회자로서 이름을 내면 그럴까? 네가 그런 것에 마음을 두고 있지 않아서 감사한데, 설사 네가 그런 것을 이루었다고 해도 나는 기쁘기보다는 너를 향한 염려가 더 클 것 같다. 교단 정치에 뜻을 두고 동분서주하여 유명세를 얻고 중요한 지위에 오른다면 어떨까? 너의 목표에 그런 것이 없음에 감사한데, 설사 네가 그렇게 하여 어떤 성취를 해도 나의 감사와 기쁨이 커질 것 같지는 않다. 반대로, 교단 시스템에 완벽하게 적응하여 편의를 추구하며 지루하게 사는 것은 상상만 해도 끔찍하다. 그렇게 살려면 차라리 사회인으로서 신앙생활을 하는 것이 백번 낫다.

나는 네가 영적으로 계속하여 깊어지고 진실해지는 것을 본다면 참으로 기쁠 것이다. 목회자로서의 능력을 인정받는 것보다 한 사람의 신앙인으로서 영성과 인격으로 존경받기를 더 원한다. 그것이 교회를 성장시키는 것 혹은 교단 정치에서 두각을 나타내는 것보다 훨씬 더 어려운 일이다. 하지만 그런 외적 성취와 성공에서는 얻을 수 없는 큰 기쁨과 만족이 있지. 나는 네가 그것을 보화로 여기고 추구하기를 바란다.

목회는 다른 신앙인들과 더불어 걸어가는 영적 여정이요

순례다. 안타깝게도 현실에서는 목회가 기술과 기법으로 왜곡되고 변질되는 경향이 있다. 그렇게 되면 목회자는 목회 현장에서 소외된다. 자신의 영성은 그대로 둔 채 기법과 기술만 늘어 간다. 안타깝게도, 그것이 목회 현장에서 자주 먹히더구나. 인간적인 전략과 선동과 사술로도 교회를 성장시키고 유명세를 얻는 일이 일어나더라는 말이다. 그런 성취는 목회자의 내면과 삶을 망가뜨리고, 그가 이룬 성취도 결국 물거품이 된다. 그런 목회는 차라리 초장에 실패하는 것이 좋다.

몇 년 전, 너는 교단(연합감리교회 버지니아 연회)의 차출을 받아 교회 개척 프로젝트에 참여한 적이 있지. 열악한 조건에서 다인종 교회를 개척하여 뿌리를 내리던 차에 팬데믹이 닥쳐 왔고, 3년이 지나도록 교단에서 원하는 실적에 미치지 못하자 중단하게 되었지.

너는 내게 별로 내색하지 않았지만 그로 인해 상당한 내상을 입었을 것이다. 하지만 나는 그 실패의 경험이 너에게 큰 자산이 될 것이라고 믿는다. 내가 너를 위해 기도하는 것은 그 경험이 너로 하여금 자신을 돌아보게 하고 네가 새롭게 빚어지는 과정이 되는 것이었다. 네가 그 경험을 소중히 여긴다면, 훗날에 "내 목회 여정 가운데 가장 중요한 지점 중 하나가 첫 개척의 실패였습니다"라고 고백하게 될 것이다.

목회 여정에서 네가 하나님께 진심일 때 너와 함께하는 교우들도 진심이 될 수 있단다. 그렇게 진심과 진심이 만날 때 영적 성장이 이루어지고 건강한 믿음의 공동체가 형성된다고 믿어. 또한 그런 태도로 사람들을 만날 때 그들을 너의 영적 여정으로 초대할 수 있지. 네가 좋아하는 너의 스승 스탠리 하우어워스(Stanley Hauerwas)가 말한 것처럼, 한 사람이 진실한 그리스도인으로 사는 것 그리고 한 교회가 진정한 믿음의 공동체가 되는 것이 세상을 위해 할 수 있는 최고이자 최선의 공헌이라고 믿어. 크든 작든, 유명하든 무명하든, 네가 그 일에 마음 두고 일관되게 걷는다면 그것으로 나는 충분히 행복하고 기쁠 것이다.

물론, 그것이 말처럼 그렇게 쉬운 일은 아니다. 목회 현장에는 영적 성장을 방해하는 요소들이 참 많기 때문이지. 역설적이지만, 목회의 자리가 영적으로 가장 위험한 자리다. 목회의 자리에서 자신의 영성을 지키고 심화시키는 것은 매일의 영적 전투라고 해도 과언이 아니야. 목회자는 영성을 흩뜨려 놓으려는 방해 요소들과 싸우면서 매일같이 마음의 초점을 맞추는 노력을 지속해야 해. 그런 까닭에 매일, 홀로, 충분한 시간 동안 하나님 앞에 머무는 것은 목회자의 생명샘이라고 할 수 있단다.

그렇게만 된다면, 외적 조건 혹은 성취나 실패는 우리의 마음을 사로잡지 못하지. 교회가 물리적으로 성장한다고 해서 우쭐해져 자신을 돌보는 일을 게을리하지 않게 되고, 혹시 침체나 쇠퇴를 겪는다 해도 크게 낙심하지 않을 수 있어. 너의 마음이 너 자신, 사람들의 영혼 그리고 하나님 나라에 집중되어 있는 한, 외적인 상황은 너를 흔들 수 없을 거야.

4

이제 너보다 먼저 이 길을 가고 있는 사람으로서 목회 여정에서 만날 수 있는 위험 요소들에 대해 몇 마디 덧붙이면 좋겠다는 생각이 드는구나. 목회 여정에는 여러 가지의 장애물과 함정이 숨어 있다.

고대로부터 영적 순례에서 가장 큰 위험 요소로 세 가지, 즉 돈과 섹스와 권력이 지목받아 왔다. 이것들은 끝없이 변신하면서 우리 마음을 교란시키고 발목을 잡아채려 한다. 이 세 가지의 은밀한 유혹으로부터 자유로운 사람은 아무도 없다. 영적 여정에 진심인 사람들은 누구나 이 세 가지 함정 혹은 올무를 조심해야 하는데, 목회자는 더욱 그렇다.

　먼저, 돈 이야기부터 해 보자. 우리가 속한 교단은 제도적으로 목회자가 교회의 재정을 함부로 유용하기 어렵게 되어 있지. 그것은 참 다행스런 일이다. 그럼에도 돈의 은밀한 유혹이 목회자의 초점을 흐리고 마음을 흩뜨려 놓는 일은 얼마든지 가능하다. 무엇보다 카지노 자본주의가 팽배한 미국에서 젊은 목회자들이 상대적 박탈감에 휘둘리지 않고 단순한 삶에 자족하며 소명을 따라 사는 것은 결코 쉬운 일이 아니다. 부디, 바울 사도가 말한 '자족의 비결'(빌 4:11)을 네가 깨닫고 돈의 마수로부터 자유롭기를 바란다. 그러기 위해서는 영적 세계에 눈뜨고 영적 차원에서 만족과 기쁨을 찾아야 한다.

　성 문제도 만만치 않은 도전이 될 것이다. 목회자들 중에 포르노 중독이 심하다는 사실은 잘 알려져 있는 사실이다. 게임이나 도박, 알코올이나 약물에 중독된 사람들도 많지. 목회 사역의 스트레스가 그만큼 커졌고, 그 스트레스를 인스턴트식으로 풀어 낼 중독의 도구들이 너무 가까이에 있기 때문이다. 목회자가 돈의 유혹에 사로잡히는 것도, 성적인 문제에 빠지는 것도 궁극적으로는 영적인 문제다. 영적 생활이 황폐해져 있기 때문에 그런 문제가 생기는 것이지.

한동안 영적으로 높이 존경받아 온 사람들이 최근에 앞서거니 뒤서거니 성적 비리로 인해 추락했다. 제자 훈련의 대명사로 통했던 빌 하이벨스(Bill Hybels) 목사가 그랬고, 영성의 대가로 존경받았던 장 바니에(Jean Vanier) 신부가 그랬으며, 우리 시대 최고의 변증가로 활동했던 라비 재커라이어스(Ravi Zacharias)가 그랬지. 그들은 어쩌다가 실수한 것이 아니다. 매 주일 설교하면서, 혹은 미국의 유명 대학을 돌아다니며 기독교 신앙을 변증하면서, 혹은 찾아오는 사람들을 만나 영적 지도를 해 주면서 뒤에서는 부정한 욕망을 쏟아 내곤 했던 것이지.

빌 하이벨스 목사는 『아무도 보는 이 없을 때 당신은 누구인가?』(*Who You Are When No One's Looking*)라는 책을 써서 많은 이들에게 도움을 주었다. 아직 읽지 못했다면 일독을 권한다. 밑줄을 쳐 가며 읽어야 할 책이다. 그런 책을 쓴 사람이 정작 자신은 아무도 보는 이 없을 때 부정한 일을 지속했던 것이다. 아마 그는 아무도 없을 때 자신이 무너지는 것을 너무도 잘 알았기 때문에 자신을 지키기 위해 이 글을 썼을 것이다. 유혹에 흔들리는 자신을 다잡기 위해 그 글을 썼는데, 결국 참담하게 무너졌다. 인간이 얼마나 연약한 존재인지를 두

렵도록 자각시켜 주는 사례다.

권력도 마찬가지다. 어느 수준 이상의 권력을 가지게 되면, 자신의 권력으로 모든 것을 통제할 수 있다고 착각하게 된다고 하지. 정치 권력도 그렇고, 경제 권력도 그렇고, 종교 권력도 마찬가지야. 앞에서 언급한 사람들은 그들 나름대로 강한 권력을 가지고 있었지. 자신들의 이름이 너무 커서 그 이름 뒤에 숨으면 된다고 생각했을지도 몰라. 목회자는 자기만의 영토를 가진 작은 나라의 왕으로 군림하고 싶은 유혹 앞에 늘 노출되어 있다고 보면 옳아. 그렇기 때문에 그 권력으로 자신의 존재감을 확인하려는 유혹에 휘둘리게 되지.

권력의 유혹은 자아 확인의 욕구에서 나온다고 할 수 있어. 주님께서는 자아를 부정하는 것이 제자의 출발점이라고 하셨지(막 8:34). 내 경험으로 말하자면, 자아를 부정하는 것은 매일 해야 하는 일이야. 성전에서 매일 아침에 번제가 드려진 것처럼, 우리 각자도 매일의 첫 시간에 우리의 자아를 번제로 바치는 예식을 반복해야 해.

그렇게 하지 않으면 자아는 어느새 우리의 생각과 행동을 지배하게 된단다. 그렇게 되면 목회의 모든 활동은 자아를 긍정하고 자아를 드러내고 자아를 강화시키는 노력이 되지.

입으로는 주님을 위한다고 하지만 실은 자아를 다독이며 키우는 셈이 되는 거야. 목회 현장은 크든 작든 자아의 타락한 욕구를 만족시키기에 가장 좋은 조건을 가지고 있기에 더욱 조심해야 한다.

5

마지막으로 돈, 섹스, 권력에 더하여 나는 한 가지 위험 요소를 첨가하고 싶다. 그것은 매너리즘의 위험이야. 익숙해짐의 위험이라고 할 수 있을까?

우리는 무엇인가를 반복적으로 하다 보면 그것에 익숙해지지. 그러면 그 일을 영혼 없이 하게 되고, 우리 자신은 그 일로부터 소외된다. 가수들도 같은 노래를 계속 부르다 보면 영혼 없이 부르게 된다고 하지. 그것이 가수에게 가장 큰 위험이라고 해. 몸은 무대에 서 있는데 그의 존재는 그곳에 없는 것이다. 목회자는 이런 위험에 항상 열려 있는 사람들이야. 유대 종교 사상가 아브라함 요수아 헤셸(Abraham Joshua Heschel)이 "당연하게 여기는 것이 영적으로 가장 큰 위험이다"라고 간파한 적이 있는데, 꼭 기억해야 할 말이라고 생각해.

앞에서 말한 영적 지도자들의 탈선의 원인 중 하나가 매너리즘이었다고 할 수 있어. 어떤 목회자가 몇몇 교인들과 수년 동안 성적 관계를 가졌다는 뉴스를 접할 때, "그런 부정한 관계를 지속하면서 어떻게 매 주일 강단에 서서 예배를 인도할 수 있었을까?"라는 질문을 하게 되지. 만일 예배자로서 그리고 말씀을 전하는 자로서 자신이 얼마나 거룩한 자리에 서 있는지를 망각하지 않았다면, 그런 부정을 지속할 수는 없는 법이지. 예배를 위해 강단에 서는 것에 대한 두려움과 떨림이 증발해 버렸기에 그런 이중적인 삶이 가능한 것이겠지.

목회자는 예전을 섬기는 사람들이다. 예전의 핵심은 같은 형식의 행동을 매 주일 혹은 매일 반복하는 데 있지. 그렇기 때문에 쉽게 익숙해지게 되고 영혼 없이 행하게 되지. 목회자의 가장 큰 도전은 같은 형식의 행동을 끊임없이 반복하면서도 매번 새로운 마음으로 대하는 것이다. 그것은 매일 깨어 있어야 하는 일이고, 예전을 대할 때마다 자신의 마음을 깨뜨려야 하는 일이다. 목회자가 영혼 없이 예전을 섬겨도 회중은 그 예전을 통해 은혜를 경험할 수 있다. 예전을 통해 어떤 일이 일어난다면 그것은 성령께서 하시는 일이기 때문이다. 하지만 예전을 섬기는 사람은 소외되고 그것이 반복될 때 목회자의 영성은 파리하게 여위게 된다.

매너리즘은 예전에만 국한된 문제가 아니다. 복음의 진리에 대해서도 익숙함의 문제가 일어나더라. 우리는 매 주일 본문을 달리해 가면서 복음을 전하고 있지만, 모든 설교는 우리가 '전해 받은 복음'(고전 15:3)의 변주곡이라 할 수 있지. 정기적으로 같은 형식의 예전을 반복하는 것처럼, 목회자는 같은 메시지를 반복하여 선포하는 셈이다. 그러다 보면 복음에 대한 확신과 열정이 식는 것을 느끼곤 한다. 그 감정이 심해져서 믿음을 떠나는 사람들도 있다. 그럼에도 배운 것이 목회이다 보니 쉽게 그 자리를 떠나지 못한다. 그렇게 되면 "하나님의 말씀을 팔아서 먹고 살아가는 장사꾼"(고후 2:17, 새번역)이 되는 것이지. 목회자들이 추하게 목회 여정을 마무리하는 이유 중 하나가 여기에 있다고 본다.

나이가 들수록, 목회의 연륜이 쌓일수록, 가장 경계할 것은 바로 익숙해지는 것이다. 돈과 섹스와 권력의 유혹은 영적 생활에 익숙해지고 하나님의 임재에 대해 무디어지고 복음에 대한 확신이 흐려지기 때문에 생겨나는 것이다. 이것을 미리 말해 두는 이유는 불원간에 너도 그런 변화를 네 안에서 보게 될 것이기 때문이다.

그럴 때면 먼저 그것이 인간 존재의 한계와 죄성 때문에 발생하는 자연스러운 변화라는 사실을 인정하기 바란다. 네가 믿어 온 진리가 거짓이어서 그런 것도 아니고, 너의 믿음이 증발해서 그런 것도 아니다. 네가 익숙해지고 무디어져도 진리는 진리이고 네 안에 영원한 생명이 있다는 사실에는 변함이 없다. 그러므로 겸허히 자신의 한계를 인정하고 그 익숙함을 깨뜨리기 위해 더 깊어지기를 힘쓰기 바란다. 너의 감정이 아니라 믿음과 약속에 근거하여 너의 소임을 지속하여라. 그러면 자신도 모르는 사이에 시야를 가렸던 안개가 걷히는 것을 경험하게 될 것이다. 그 안개 터널을 지나는 동안에 하나님께서 너를 새롭게 빚어 놓으신 것을 발견할 것이다.

6

아들아, 너무 많은 말을 했구나. 이러한 기회가 또 없을 터이니, 하고 싶은 말을 전부 쏟아 놓은 것이라고 이해해 주기 바란다.

너와 함께 신학을 공부한 친구들 다수가 목회 현장에서 실망을 거듭하다가 떠났다고 했지? 그런 일들이 젊은 목회자들에게서 흔히 일어나고 있다고 했지? 신학을 공부하고 세상을 변화시킬 수 있다는 자신감으로 목회 현장에 들어갔는데,

현실에서는 아무것도 할 수 없음을 깨닫고 절망감에 짓눌려 사회복지, 지역사회개발 혹은 상담 같은 영역으로 진로를 바꾸는 것이지.

그 모든 것이 필요한 일이고 좋은 선택이라고 믿어. 하나님께서 그들에게도 계획을 가지고 인도하시는 것일 거야. 그들 가운데 어떤 사람들은 훗날 다시 목회로 돌아올 거야. 하나님의 부름이 옳다면 결국 돌아오게 되어 있지. 바라기는, 너는 할 수 있으면 '그렇고 그런' 목회 현장에서 '그렇고 그런' 목회자로 남아 있기를 소망한다. 목회의 삶에는 그 나름의 독특한 가치와 의미가 있다는 사실을 깨닫고 거기서 의미와 보람을 발견하기를 바랄 뿐이다.

유진 피터슨(Eugene H. Peterson)이 유명하게 만든 니체의 말이 있지? "한 방향으로의 지속적 순종"(a long obedience in the same direction). 이것이 내가 매일 나 자신에게 주지시키는 말 중 하나다. 나는 기도할 때 자주 다윗의 고백을 기억한다. "하나님, 나는 내 마음을 정했습니다. 나는 내 마음을 확실히 정했습니다. 내가 가락에 맞추어 노래를 부르겠습니다"(시 57:7, 새번역). 이 고백을 기억하는 이유는 마지막 호흡의 순간까지 지금껏 걸어온 방향으로 계속 나아가기를 소망하기 때문이지.

그것이 또한 너의 소망이요 기도가 되기를 바란다. 네가 어둠 깊은 한밤중에 95번 고속도로 한 지점에서 갓길에 차를 세우고 하나님께 서약한 그 마음을 끝까지 지키고 그 길에서 더 깊어지고 더 넓어지고 더 온전해지기를 기도한다. 물론, 네가 기도 중에 분별하여 다른 길을 간다 해도 나는 환영하고 축복할 것이다. 하지만 네가 받은 부름을 끝까지 따라가기를 기도한다. 그래서 내 나이쯤 되었을 때 "줄로 재어서 나에게 주신 그 땅은 기름진 곳입니다. 참으로 나는, 빛나는 유산을 물려받았습니다"(시 16:6, 새번역)라는 고백에 이르기를 바란다.

그것 외에 더 바랄 것이 무엇이 있겠니? 아들아, 참, 고맙다. 그리고 사랑한다.

너로 인해 감사하는 아빠가

사랑하는 사위 범렬에게

김형익

*

인도네시아 선교사, GP선교회 한국 대표를 거쳐, 미국에서 죠이선교교회를 개척하여 섬겼고, 2015년 귀국하여 광주광역시 벧샬롬교회를 섬기고 있다. 복음 안에서 하나님의 선하심을 영광스럽게 드러내고 싶어 하는 설교자이고, 경건한 어른들이 가득한 깊이 있는 교회를 추구하는 목사다.

지난해 네가 혜성이와 결혼을 하면서, 우리 가족이 되고 내 사위가 되었다는 사실이 내게는 새로운 부담감으로 다가왔다는 사실을 먼저 말해야겠구나. 나를 아는 사람들이 내가 많은 도움을 줄 수 있을 테니 사위가 참 좋겠다는 말을 할 때면 정말 내가 무슨 도움을 줄 수 있을지 생각하곤 한단다. 이 편지를 쓰면서도 내가 네게 줄 수 있는 도움은 어떤 것일까 생각해 본다.

어느새 신대원 3년을 마무리하는 시간이 왔구나. 얼마 전 한 신대원 개강수련회 설교를 부탁받고는 신학생인 너를 떠올리면서 내가 네게 전해 주고 싶은 성경의 주제들을 생각해 봤다. 그리고 세 주제를 설교했지. 그들이 보냄받아 섬길 '교회'가 무엇인지, 그들이 일평생 붙들고 씨름해야 하는 '말씀'에 대해서 그리고 부름받은 '설교자' 자신에 대해서.

목사의 길을 걸으며 내가 느낀 것은 이 길이 일종의 지뢰밭과 같다는 것이다. 목숨을 한순간에 앗아 가는 지뢰라기보다는, 밟을 때마다 이렇게 저렇게 상처를 입혀서 결국 삶과 목회를 무너뜨리는 거지. 그 지뢰밭에서 지뢰를 밟으면서도 망가지지 않고 영광스러운 부르심을 따라 걷기 위해서, 내가 붙들고 씨름했던 것들이 사실 앞에서 말한 세 주제가 아닐까 싶다. 그래서 이 편지에서 짧게라도 이 주제들을 너와 나누고 싶구나.

네가 알다시피 나는 이상주의자야. 그래서 힘들게 살아가는 면이 분명히 있지. 하나님께서 나를 보내신 현실의 교회에서 나는 교회의 영광스러움을 찾아볼 수 없어서 괴로웠고, 교회에 대한 이상을 놓치지 않으려고 몸부림치는 만큼 괴로웠던 것 같다. 비록 힘이 좀 들더라도, 성경적 교회에 대한 영광스러운 이상을 쉽게 내려놓는 것은 좋지 않다고 네게 말하고 싶구나. 사실, 신학생치고 어느 정도 이런 이상이 없는 사람도 없겠지. 하지만 사역의 현장에 들어가서 몇 년이 지나지 않아, 그들 대부분은 변하지 않는 교회 현실에 좌절하고 이상을 포기한 채 현실에 안주하는 경험을 하게 될 게다. 물론 그중 얼마는 이상을 끝까지 포기하지 않겠지만, 이들에게도 위험은 있어. 그 하나는, 엄격함과 경직됨에 묶이는 건데 목사가 그렇게 되면 교인들을 공연히 힘들게 하기가 쉽다는 것을 기억해야 해.

　디트리히 본회퍼가 『성도의 공동생활』에서 한 말은 나 같은 이상주의자 목사에게 한 말이 아닐까 싶다. "그리스도인 공동체 자체(그 있는 그대로의 모습)보다 공동체의 꿈을 더 사랑하는 사람은 누구든 그 공동체에 대한 헌신이 흠잡을 데 없고 그 의도가 제아무리 정직하고 진지하며 희생적이라 할지라도 그리스도인 공동체의 파괴자가 되고 만다." 그래서 영광스러운 교회의 이상을 포기하지 않는 목사에게는 지혜가 필요하지. 내가 말하는 지혜는 이상과 현실 사이에 길을 잃지 않는 거다. 나는 『반지의 제왕』에서 J. R. R. 톨킨(Tolkien)이 하나님의 미래는 위대한 지도자들 가운데서가 아니라, 때로는 무슨 일이 벌어질지 도무지 감을 못 잡으며 어디를 가고자 하는 욕망도 없이 자신들의 빡빡하고 작은 세계 속에서 사는, 발가락에 털 나고 불완전하게 생긴 자그마한 보통 사람들인 호빗들 가운데서 탄생한다는 사실을 깨우쳐 준 점이 고맙다. 호빗 같은 사람들이 세상을 변화시킨 주역들이라는 사실이 늘 내게 격려가 되었듯이 네게도 격려가 되면 좋겠구나.

　기억하니? 몇 년 전, 네가 우리 교회 청년이었을 때, 설교에서 내가 G. K. 체스터턴(Chesterton)의 말을 인용했던 적이 있었지. "우리는 함께 배를 탔으며 함께 배 멀미를 하고 있다." 때로는 배 멀미가 너무 심해서 이러다 파선하는 건 아닐까 두려웠던 때도 있었지만, 그래도 여기까지 왔잖니. 네 인생도 그러하리라 믿는다. 그분이 신실하시니 말이야.

*

내가 너와 나누고 싶은 두 번째 주제는 말씀이야. 하나님께서 목사의 손에 들려 주신 것은 그분의 말씀의 검밖에는 없다는 사실을 기억해라. 목사가 되기 위해 너는 신대원에서 3년 동안 일종의 검법을 배운 거야. 어떻게 이 검을 사용해야 하는지 말이지. 성경의 언어와 조직신학과 성경신학 그리고 교회사 등을 배운 것은 모두 하나님의 의도대로 말씀의 검을 잘 사용하기 위함이라는 것을 누가 부인할 수 있겠니? 그런데 검법을 익혀서 사역의 현장으로 나온 목사 자신이 정작 이 검의 능력을 충분히 신뢰하고 있는지 나는 종종 생각했단다. 설교자 자신이 경험했고 믿는 말씀을 저렇게 전할 수 있을까 혹은 말씀보다는 프로그램의 능력을 믿는 게 아닌가 싶을 때가 너무 많았거든. 네가 사역의 현장에서 말씀의 능력을 온전하게 확신할 수 없다면, 아무리 검법을 잘 익혔다고 해도 회중의 영혼과 양심을 꿰뚫는 성령님의 역사를 기대하기는 어려울 거야. 내가 지금까지 숱한 지뢰를 밟으면서도 목사의 길을 걸어올 수 있었던 것은 특별히 고린도후서 3장 18절을 믿기 때문이었다는 말을 네게 한 적이 있었던가? "우리가 다 수건을 벗은 얼굴로 거울을 보는 것같이 주의 영광을 보매 그와 같은 형상으로 변화하여 영광에서 영광에 이르니 곧 주의 영으로 말미암음이니라." 주의 말씀을 들을 때 사람들은 그 말씀 속에서 주의 영광을 보게 되고 그 영광을 볼 때, 그들은 주의 형상으로 변화하는 성령의 역사를 경험하게 된다는 것을 나는 믿는다. 그래서 오늘도 나는 그 말씀과 씨름을 하고 있는 거지.

목사의 길을 걸으며, 종종 나는 자신의 능력과 말씀의 능력을 섞어 버리거나 혼동하는 실수를 하지 않을까 두려워한다. 좋은 재료로 맛을 창조하는 쉐프들에게 신선한 재료의 질도 중요하겠지만 그들이 자신들의 요리 실력을 확신하고 그 실력을 드러내야 한다면, 목사인 우리는 자신의 지식과 언변 따위는 잊어버리고 그 말씀의 능력을 확신하고 그것을 드러내야 한다는 점에서 달라야 할 거야. 하지만 그 말씀의 능력이 내가 기대하는 시간에 나타나지 않기 때문에 목사들은 힘들 수 있어. 미국에서 목회를 할 때의 일이다. 말씀을 들어도 사람들이 변하지 않는다는 생각 때문에 잠을 이루지 못하고 고민이 깊어졌던 날들이 있었어. 그때 마침 루이빌에서 격년으로 열리던 '투게더 포 더 가스펠'(Together for the Gospel) 컨퍼런스에 참석했는데, 존 맥아더(John MacArthur) 목사님이 전하신 '잠의 신학'(The Theology of Sleep!)은 정신이 번쩍 들게 하는 말씀이었어. 그때 네가 나와 함께 거기서 그 말씀을 들었더라면 얼마나 좋았을까 하는 생각이 갑자기 드는구나.

본문은 마가복음 4장 26-29절에 나오는 자라나는 씨의 비유였는데, 알다시피 이 비유는 오직 마가복음에만 나오는 말씀이지. "또 이르시되 하나님의 나라는 사람이 씨를 땅에 뿌림과 같으니 그가 밤낮 자고 깨고 하는 중에 씨가 나서 자라되 어떻게 그리 되는지를 알지 못하느니라"(막 4:26-27). 맥아더 목사님은 농부가 좋은 씨를 잘 뿌렸으면 편히 자야 한다고 하시는 거야. 농부는 그 씨가 스스로 자라서 열매 맺을 줄 확신하기 때문이라는 거지. 사실 어떻게 그 씨가 자라는지 다 이해하지는 못하겠지만, 농부가 밤낮 자고 깨고 하는 중에 씨는 자란다는 거야. 설교자는 바르고 좋은 씨를 뿌리기 위해 수고를 아끼지 말아야 하지만, 씨를 뿌린 뒤에는 편안히

주 안에서 잘 수 있어야 해. 이것도 믿음의 순종이지. 나는 네가 목사의 길을 가는 동안 너 자신에게 지나치게 붙잡히지 않고 주님을 신뢰하면서 낮에는 그 말씀에 네 자신의 영혼을 쏟아붓되 밤에는 편안히 잠자리에 들 수 있으면 좋겠다. 그래야 내 사랑하는 딸, 혜성이도 평안하지 않겠니? 평생 네 목회의 길에서 아내를 사랑하는 것, 잊지 말아라! 생명이 잉태되고 자라는 것은 씨의 능력에 있지, 뿌리는 네게 있는 것이 아니라는 사실, 언제나 기억하길 바란다.

*

이렇게 쓰다 보니, 마치 설교자는 별로 중요하지 않다는 말처럼 들릴까 싶어 편지를 마치기 전에 설교자의 삶에 대해서도 조금 말하고 싶구나. 나는 신학생 시절에는 꿈도 꾸지 않았던 일들을 목회의 현장에서 경험하게 되었는데, 한마디로, "메시지가 싫으면 메신저를 죽여라"라는 말을 경험한 거야. 플라톤도 "진리를 말하는 사람보다 더 미움을 받을 수 있는 사람은 없다"고 말했다고 하잖아. 나는 말씀을 잘 전하면 많은 사람의 사랑을 받을 거라고 막연하게 상상하곤 했었어. 사실 목회를 하기 전, 선교사와 선교 동원가로 많은 교회와 집회에서 말씀을 전하던 시절에 많은 사랑을 받았던 것도 사실이야. 하지만 목회의 자리에서 매 주일, 같은 회중에게 주의 말씀을 전하는 설교자가 된다는 것은 전혀 다른 일이고 다른 경험이었지. 모든 사람을 만족하고 기쁘게 해 주는 복음은 없다는 사실을 새삼 깨닫게 되었다.

복음은 홍해 가르듯 가르는 성질을 가졌기에, 바울 사도는 복음이 어떤 이들에게는 생명에서 생명에 이르는 그리스도의 향기가 되지만, 동시에 어떤 이들에게는 사망에서 사망에 이르는 냄새가 되니, 이 직분을 누가 감히 감당하겠느냐고 물었지(고후 2:16). 나는 이런 경험을 하고 나서야, 이사야가 선지자로 부름받을 때 하나님께서 그에게 주셨던 말씀의 의미를 진정으로 깨닫게 되었다. "여호와께서 이르시되 가서 이 백성에게 이르기를 너희가 듣기는 들어도 깨닫지 못할 것이요 보기는 보아도 알지 못하리라"(사 6:9). 이사야가 부름을 받던 시대에 백성들의 마음은 회복이 불가능할 정도였다는 것을 하나님께서 말씀하신 것이지. 이사야는 실패가 보장된 사역으로 부름을 받았다고 내가 주장하는 그 대목이지. 설교자는 이런 사역으로 부름받았다는 사실을 기억하고 그 길을 걸어가야, 언제라도 스스로 무너지지 않고 이 지뢰밭을 끝까지 걸어갈 수 있을 거라고 생각한다.

*

 범렬아, 어릴 때 소명을 받았던 나와는 달리, 너는 늦게 주님을 만났고 또 늦게 목사의 부르심을 받았지. 그것이 너의 핸디캡이라고 여기지 않기를 바란다. 그리고 네 어떤 연약함도 목사로 부름받은 이상 핸디캡이 될 수는 없어. 나는 스캇 해프먼(Scott Hafemann)이 『NIV 적용주석: 고린도후서』(솔로몬)에서 한 말이 참 좋더라. "모세의 소명은 바로 그 장애물들이 하나님의 부르심의 필수적인 부분임을 입증하며 선지자의 능력이 아니라 하나님의 은혜가 그의 자격의 원천이었음을 명백하게 드러낸다."

 범렬아, 너를 늘 응원하고 너를 위해 기도하는 아버지가 있다는 사실이 네게 조금 힘이 되었으면 좋겠다. 사랑한다.

네 아내를 통해 네 아버지가 된
너의 선배 목사가

3부

한길 가는 순례자들

나는 그날의 성과 때문에 주일이
지나고 나서도 상당한 만족감에 젖어 있었어.
책상 앞에 느긋이 앉아 눈을 감은 채
내 설교에 대한 보람과 성취감,
교우들의 인정과 사의 표시 등을 즐거이 곱씹었지.
바로 그 순간이었어…충격이 찾아온 것은.
불현듯 "내가 지금 도대체 무슨 짓을 하고 있는 거지?"
라고 각성이 든 거야.

어느 목삯꾼의 고백

송인규

*

학생 선교단체 사역자와 신학교 교수로 봉사하다가 2014년 이후 한국교회탐구센터 소장으로 일하고 있다. 과거 앤아버한인성서교회(1984-1987년), 코넬한인교회(1990-1995년), 새시대교회(1998-2007년)에서 목회 사역에 참여했다. 저서로는 『새로 쓴 기독교, 세계, 관』(IVP), 『아는 만큼 누리는 예배』(비아토르) 등이 있다.

이보게, 자네가 그 교회에 담임목사로 청빙을 받은 후에는 우리 사이에 교류가 별로 빈번하지 못했네그려. 아무래도 바빴겠지. (나야 목회 일선에서 물러섰으니까 자네보다는 훨씬 한가했지.) 게다가 코로나 사태까지 겹쳐서 출입이나 회동이 여의치 않은 탓에 더욱 그랬으리라고 생각해.

그런데 느닷없이 이렇게 심각한 사연을 적게 되어 미안하이. 사실 자네에게 무슨 답을 듣고자 하는 것은 아니야. 또 자네가 목회자로서 무슨 어려움에 봉착해 있다고 여겨서 이런 내용을 꾸미는 것은 더욱 아닐세. 그냥 누군가에게, 목회의 책임을 맡은 사람에게, 나의 설익었던 목회 경험을 넋두리처럼 이야기하고 싶었달까? 자네는 형이 없으니까 그냥 큰형뻘 되는 어떤 선배 목회자가 자네에게 목회자로서의 고민을 흉허물 없이 털어놓는 것으로 이해해 주게. 내가 목회에 몸담고 있던 동안 자네가 부교역자로 약 4-5년 같이 있었으니 이 정도의 나눔은 가능하리라고 생각해. 그러니 내가 대체로 어떤 사람인지, 무엇을 목회의 이상과 목표로 삼았는지, 또 무엇 때문에 목회를 힘들어했는지 대충은 알고 있겠지?

그래도 '목삯꾼'이라는 표현만큼은 생소하다고? 그렇겠지. 전에 자네하고 같이 있을 때에는 한 번도 그런 말을 입에 올린 적이 없었으니까 말일세. 사실 이 편지를 쓰기 전까지는 단 한 번도 이 단어를 사람들 앞에서 사용해 본 적이 없다네. 어렴풋이 짐작했겠지만, 이 말은 우리 주님께서 언급하신 "목자"와 "삯꾼"(요 10:11-12)의 복합어일세. 나의 목회 사역을 돌이켜볼 때 안타깝게도 나는 주님과 같은 선한 목자가 되지 못했어. 그러나 그렇다고 해서, 솔직히 평가하건대 무지막지한 삯꾼처럼 자행자지(自行自止)했던 것 같지도 않아. 어중간했지. 그 중간적 실존의 고뇌를 목삯꾼이라는 말에 담고자 한 거야.

왜 내 자신을 그렇게 자평하게 되었느냐고? 글쎄, 여러 가지 이유가 있지만, 세 가지 정도가 아직도 뇌리를 떠나지 않고 남아 있어.

십자가 밑에서 잇속 챙기기

과거에 가끔 나는 자네에게 "경건을 이익의 방도로 생각하는"(딤전 6:5) 사역자 특유의 악습에 대해 언급한 적이 있었지?

특히 사례비 액수에 따라 사역지를 여기저기로 옮기는 예들을 지적하곤 했었지. 나는 그런 유의 유혹에 빠지지 않으려고 노력을 했고, 그런 일을 부추기는 목회적 관행과도 결연히 맞서고자 아등바등거렸지.

그러다가 내 자신의 모습 때문에 엄청난 충격을 받게 되었어. 어느 해인지 정확히 기억이 나지는 않지만 어쨌든 고난 주간을 지낸 직후였던 것 같아. 설교자들의 공통적인 고민 가운데 하나가 절기 설교잖아? 그해에도 십자가 설교가 쉽지 않아 엎치락뒤치락하던 중 천신만고 끝에 아이디어가 떠올라 꽤 창의적이고 탄탄한 설교문을 작성할 수 있었지. 예수께서 십자가 사건 전후에 겪으신 고통과 고뇌에 대한 것이었는데, 성경 본문에 대한 주해적 관점에서나 교우들과 연관된 신앙적 각성의 각도에서나 임팩트 있게 전달된 설교였던 것으로 기억해. 특히 몇몇 교우들이 설교 후 전에 없이 감사를 표시하는 바람에 더 고무되었었지.

나는 그날의 성과 때문에 주일이 지나고 나서도 상당한 만족감에 젖어 있었어. 책상 앞에 느긋이 앉아 눈을 감은 채 내 설교에 대한 보람과 성취감, 교우들의 인정과 사의 표시 등을 즐거이 곱씹었지. 각종 달콤한 상념이 줄지어 내 머릿속을 지나가고 있었어. "흠, 앞으로도 설교를 좀 더 알차게 준비해야겠어. 자꾸 그러다 보면 설교자로서의 관록도 솔찬히 쌓이겠지. 또 이번 십자가 설교를 글로도 남기는 것이 좋겠어. 그래야 더 많은 사람들이 접하게 될 테니까. 앞으로 여건이 되면 십자가 관련의 글들을 묶어 책으로 내는 방안도 검토해야겠구먼…" 나는 나의 성공적인(?) 십자가 설교로 인해 미래에 대한 야무진 꿈을 꾸는 둥 마음껏 자축과 자기도취의 파티를 벌인 거지.

바로 그 순간이었어…충격이 찾아온 것은. 불현듯 "내가 지금 도대체 무슨 짓을 하고 있는 거지?"라고 각성이 든 거야. 사실 나는 십자가가 주님께 얼마나 비참하고 괴롭고 견디기 힘든 경험인지를 설교에서 밝혔어. 주님은 나와 우리를 위해 그토록 고초를 겪으셨는데, 나는 바로 그 밑에서 나의 작은 성공에 의기양양해하면서 내게 돌아오는 영예와 칭송에 희희낙락하고 있었던 거지. 그야말로 경건을 이익의 방도로 삼은 모습의 극치가 아니었겠어? 어떻게 그럴 수 있지? 세상에 이토록 잔인하고 배은망덕한 존재가 있단 말인가?! 내가 사랑한다고 고백하는 주님의 고통에 빌붙어서 주님께 돌아갈 모든 영광과 존귀를 가로채려는 존재, 그것이 나의 적나라한 실상이었지. 나는 너무도 기가 막혀 그 순간에는 회개조차 나오지 않았어.

나는 이런 모순적 작태가 그저 십자가 설교 하나에만 국한되지 않는 것을 발견했어. 주께서 나와 우리를 위해 죽으신 것 때문에 교회도 일꾼도 사역도 존재하게 되었건만, 정작 나는 나의 유익과 보람과 유명세와 만족에만 눈이 먼 채 사역자 연하고 있었던 거지. 사역자로서의 존재 전체가 모순덩어리였던 거야. 사도 바울은 교회의 일꾼이란 그리스도의 남은 고난을 자기 육체에 채우는 사람(골 1:24-25)이라고 소개했는데, 나는 정반대의 길로 치닫고 있었던 셈이지. 물론 내가 처음부터 의도적으로 작정하고 그렇게 되었다는 것은 아니야. 내 마음속에 어느 정도의 순수함이 있었던 것은 주님도 아시리라 믿어. 또 사역의 열매를 누리고 즐거워하는 것이 모두 죄라는 말도 아니야. 그러나 그 순수함(또 사역의 열매에 대한 정당한 욕구)이 나를 올바른 방향으로 이끌 만큼 강력하지는 못했어. 그러니 나를 돌아보며 어찌 목삯꾼이라는 라벨을 떼어 낼 수 있겠느냐는 말이야.

섬김의 리더십: 그 어려움

'섬김의 리더십'도 정말로 만만치 않은 목회적 도전이었지. 내가 신학생 시절 처음으로 이 말에 접했던 때가 생각나. 이 어구와 표현이 얼마나 멋있게 들렸던지 나는 정신없이 빠져들고 말았어. 아마 그 당시 너무 권위주의적이고 위압적인 목회자들을 많이 봐 왔기 때문에 생긴 본능적 반작용도 한몫했을 거야.

초기에 씨름한 것은 자네도 알다시피 개념상의 문제였어. '섬김'이 사람들의 뒤치다꺼리를 하는 것이고 '리더십'이 사람들 앞에 나가 이끄는 일이라면, 분명 둘 사이에는 무언가 모순이 존재하는 것 아니겠어? 그러나 '섬김'을 섬김의 정신, 즉 상대방에 대해 기꺼이 종노릇을 하겠다는 각오, 자기를 필요로 하는 이들에게 하시라도 도움을 주겠다는 결단으로 이해하면, 문제는 즉시 해결돼. 왜냐하면 이런 정신에 입각하면서도 얼마든지 사람들 앞에 나가 이끌 수 있으니까 말이야.

물론 목회적 리더십이 구체적으로 어떤 활동을 포함하느냐 규명하는 것이, 그다음에 직면한 과제였어. 나중에 내가 찾은 것을 정리해서 자네에게도 보여 주었지만, 다섯 가지 사항으로 집약되었지.

- 말씀을 가르침 (갈 6:6; 딤전 3:2; 4:13; 히 13:7).
- 감독하고 다스리며 지도함 (행 20:28; 살전 5:12; 딤전 5:17).
- 권면함 (행 11:23; 살전 2:11; 딛 2:6).
- 명령함 (고전 7:10; 살후 3:6; 딤전 1:18; 6:11-12; 딤후 4:1-2).
- 경책하고 벌함 (행 20:31; 살후 3:14; 딤전 5:20; 딛 1:13-14).

일단 목회 사역에 전념하고 한 단위의 신앙 공동체를 책임지는 위치에 서다 보니까, 위에 쓴 다섯 가지 사항의 활동이 정말로 필요하고 중요하다는 것을 절감하게 되었어. 그런데 앞의 세 가지 — 가르침, 다스림, 권면함 — 는 그런대로 시행할 수 있었지만, 뒤의 두 가지 — 명령함, 경책함(나무람) — 는 하기가 힘들더라고. 특히 마지막 항목인 경책과 징벌은 거의 엄두도 내지 못했어.

내가 더욱 고뇌에 빠진 것은, "내가 삼 년이나 밤낮 쉬지 않고 눈물로 각 사람을 훈계하던 것을 기억하라"(행 20:31)라는 바울의 간증을 접하면서였어. 결국 내가 교우들을 경책하지 못한 근본 이유는 그들을 위해 눈물을 흘리지 않고 있었기 때문이지. 그리고 그 이유를 더 캐묻는다면, "양들을 위하여 목숨을 버릴"(요 10:11) 각오가 되어 있지 않다는 부끄럽고도 참담한 사실을 자인하는 수밖에. 역시 내가 교우들을 위해 희생을 하지 않기로 작심했다든지 혹은 목회자로 있을 때 희생과는 높다란 담만 쌓고 있었다든지 하는 것은 아니야. 그러나 교우들을 향한 나의 희생적 각오는 선한 목자가 되기에는 턱없이 부족했어. 내가 나를 목삯꾼이라 칭하는 이유를 알겠지?

비난이 던지는 부정적 파장

이 사항에 대해서는 함께 이야기를 많이 나누지 못했네. 하지만 비난 역시 목회 사역을 하던 내내 내가 붙잡고 씨름하던 주제였다네. 목회자가 교우들로부터 비난을 들으면, 그것이 무엇 때문이든 심리적 혼란 상태에 빠지고 결국 울화에 휩싸이며 주눅들게 되지. 이런 일이 반복해서 일어나거나 장기화되면 그의 목회 활동에는 치명적 타격이 가해지는 셈이야.

물론 나는 비난의 문제를 목회 현상적으로, 좀 더 초탈한 상태에서 관찰하고 분석하느라 애를 썼지. 교우들이 목회자를 비난하는 이유는 대개 세 가지로 정리가 되더라고. 우선, 목회자 개인의 스타일이 자신들과 맞지 않기 때문에 목회자를 부정적으로 평가하는 경우가 있지. 이것은 서로 간 취향이나 선호가 달라 생기는 문제니까 거의 신경 쓸 필요가 없다고 봐. 그다음에는, 각종 사안에서의 견해차로 인해 목회자에 대한 비난이 야기되기도 하지. 이 경우에는 합리적인 절차와 소통 방식을 통해 문제 해결에 임해야겠지. 마지막으로, 목회자가 교리적이거나 윤리적인 오류 및 실책을 범한 까닭에 교우들의 비난이 빗발치기도 하지. 이때는 두말할 나위 없이 목회자가 자신의 잘못을 공적으로 인정하고 용서를 구해야 마땅해.

그런데 아무리 이렇게 이론적으로 정리를 했다 할지라도, 막상 교우들로부터 비난이나 부정적인 피드백을 받으면 마음을 평온히 추스르기가 쉽지 않더라고. 전에 어떤 교우 한 사람이 식사 자리에서 우연히 내 설교에 대해서 소감을 말한 적이 있었어. 내 설교가 대체로 유익하지만 감성 면에서 보완되면 좋겠다는 말이었지. 사실 그 사람은 나를 비난하려는 것이 아니라 그저 자기가 느낀 것을 덤덤히 묘사할 따름이었어. 그런데도 마음은 심란하기 짝이 없더라고. "지금까지 내 설교에 만족한다는 식으로 말해 왔는데, 실은 그렇지 않았구먼," "아니, 주문을 하더라도 될성부른 일을 거론해야지. 내 본성에 맞지 않는 설교를 하라는 게 말이나 돼?" 등등 불평과 원망이 생기는 거야. 동시에 이런 정도의 비평에 흥분하는 내 자신이 수치스럽기도 했어.

그러다가 목회 일선에서 물러난 후에, 역시 사도 바울의 편지로부터 한 가지 빛을 얻었어. 사실 바울에게도 그를 아주 좋아하지만은 않고 비판적 태도를 지닌 사람들이 있었지. 고린도 교인들 가운데 바울파가 아닌 이들(고전 1:12)이 있었고, 또 거짓 사도들의 사주를 받아 바울을 탐탁지 않게 여기는 이들(고후 10:2, 10)도 있었지. 그런데도 바울은 그들 모두에 대해 "내가 너희 영혼을 위하여 크게 기뻐하므로 재물을 사용하고 또 내 자신까지도 내어 주[겠다]"(고후 12:15)고 공언을 했어. 바울이 그렇게 할 수 있었던 것은 자신을 비난하거나 비판적으로 대하는 이들을 포함한 그들 모두가 자신의 영적 자녀임을 알았기 때문이지(고전 4:15; 고후 12:14).

물론 나는 내가 목회하던 교우들의 (지극히 소수의 대상을 제외하고는) 영적 아버지가 아니었어. 그러나 그럼에도 불구하고 여기에 중요한 교훈이 있다 싶어. 우리가 교우들에 대해 영적 부모의 심정을 품는다면, 우리는 그들의 비난 때문에 그토록 마음의 상처를 크게 입지는 않으리라는 거야. 결국 내가 나를 싫어하고 내게 부정적 평가를 하는 교우들을 그토록 힘들어했던 이유는, 그들에 대해 영적 부모의 심정을 품지 않았기 때문이었어. 바울이 자기 자신까지도 기꺼이 희생하겠노라고 말하게 만든 그 부모 의식 말이야. 이런 점에서 영적 부모 의식과 목자의 심정은 서로 통하는 것 같아. 동시에 안타깝게도 나에게는 이 두 가지가 모두 상당히 결여되어 있었다는 뜻이고…그래서 나는 나를 목삯꾼이라고 여기는 거지.

너무 골치 아픈 이야기만 늘어놓아 미안하기 짝이 없구먼. 나로서는 진솔히 고뇌를 나눌 대상이 있어서 좋았어. 내 고백이 비록 목회 실패담이기는 하지만 자네에게까지 실패담으로 남을 필요야 없겠지. 자네는 내가 아닌 데다가 또 무엇보다도 아직 젊지 않은가? 나와 달리 자네 앞에는 자네 나름의 목회 인생이 활짝 열려 있으니 말일세. 건투를 비네.

2022년 10월 31일

송인규

사랑하는 제자 남수호 목사에게

송태근

*

총신대학교와 총신신학대학원을 졸업하고 풀러 신학대학원에서 목회학 박사 학위를 받았다. 삼일교회 담임목사와 미셔널신학연구소 대표로 섬기고 있다.

수호야! 네가 교회를 담임하여 맡아 떠나간 지 어느덧 두 해가 지나고 있구나. 시간이 정말 빠르게 흘러가다 못해 날아가고 있음을 새삼 느낀다. 내가 삼일교회에 부임하게 된 지도 어느덧 10년이 지나고 있으니 말이다. 하나님의 영원 앞에서 하나의 인생이란 안개와 같을 뿐임을 절감하고 있는 요즘이다.

섬기는 교회는 평안한지 궁금하구나. 워낙 훌륭하신 원로목사님께서 잘 일궈 놓으신 목양 현장이니 무탈하리라 믿는다. 그래도 노파심에 몇 자 적지 않을 수 없구나.

너도 이미 잘 알고 있겠지만 담임목회의 현장과 부교역자로서 임하는 사역지는 말 그대로 전혀 다른 이야기다. 담임목사의 자리는 이루 말할 수 없는 무게와 중압감으로 지금까지 하루도 편히 잠든 날이 없었던 것 같다. 무슨 일이든 그렇지만 하나님의 은혜 없이는 이 사명을 감당하기란 결코 불가능하다는 것을 늘 깨닫는다.

수호야. 무엇보다 성도들을 위해서 목회자가 존재한다는 것을 늘 잊지 않기 바란다. 한국 교회가 무너지기 시작한 것은 누가 뭐라 해도 목회자들이 자신의 본분을 잊었기 때문이다. 성도들을 사역의 소모품으로 여기고, 목회 성공의 도구로 여긴 것에서부터 문제가 싹트기 시작했다는 것을 부인할 사람은 아무도 없다고 생각한다. 목회자가 성도들과 함께 교회를 이루어 나가는 것이 당연하지만, 성도들은 목회자가 끊임없이 섬겨야 할 대상임을 잊지 말아야 한다. 그렇기에 교회와 성도들을 향한 눈물의 기도 없이 목회는 불가능하다. "네 양 떼의 형편을 부지런히 살피며 네 소 떼에게 마음을 두라"(잠 27:23)라는 말씀은 분명 목회자들을 향한 하나님의 준엄한 명령이며, 목회의 기초이자 본질이다.

그렇기에 요즘 젊은 목회자들이 나더러 꼰대스럽다고 할지 몰라도, 나는 여전히 목회자에게 인생의 우선순위는 다른 어떤 것도 아닌 목회여야 한다고 생각한다. 나머지는 그다음이어야 한다. 너무 가혹하게 들릴지 모르지만 심지어 가족까지도 말이다. 목회자에게 이 우선순위가 바뀌거나 흔들린다면 굳이 목회의 길이 아니라, 하나님께 영광 돌릴 수 있는 다른 길을 선택해야 한다고 생각한다. 소명이 분명하지 않음에도 목회의 길을 걷고자 하는 것만큼 인생을 낭비하는 것도 없다는 것을 그간 정말 많이 보고 깨달아 왔기 때문이다.

그런데 언제부터인지 몰라도 목회자 자신도, 그 가족도 목사직을 일종의 직업으로 여기는 경우가 너무 많아지고 있는 것 같아 안타까운 심정이다. 물론 시대가 바뀌었다는 것은 나도 잘 안다. 그러나 목회자로서의 소명만큼은 그럴 수 없다고 생각한다. 너도 교역자들을 모시고 동역을 하다 보면 내가 무슨 말을 하는지 알게 될 것이다. 정말 소명을 받은 것인지, 아니면 직업적 종교인으로 자신이 기능하고 있을 따름인지 진지하게 생각해야 할 목회자들이 너무 많이 보인다.

이런 잔소리를 계속해서 할 수밖에 없는 것이 오늘날 교회가 마주하고 있는 현실이구나. 돈을 잘 벌 수 있는 길은 얼마든지 많고, 꼭 목회를 해야만 하나님의 뜻대로 사는 것도 아닌데 왜 목회의 길로 들어온 것인지…부디 신학교에서부터라도 소명을 제대로 점검할 수 있는 기회를 반드시 제공하면 좋으련만….

*

수호야. 내가 너에게 많은 것을 맡기고 또 너를 신뢰할 수 있었던 까닭은 다른 어떤 것보다도 하나님의 말씀을 대하는 네 태도에 있었다. 어떻게 해서든 원어로 성경을 연구하고 씨름하려고 애쓰는 모습이 나에겐 큰 도전이자 감동을 주었다. 그러나 아마 담임목회를 하면서 시간에 쫓길 수밖에 없을 것이다. 돌아봐야 할 성도들도 많고, 참석해야 할 회의는 넘쳐나는데 정작 말씀을 연구하고 씨름할 수 있는 시간이 턱없이 부족함을 이미 경험하고 있으리라 생각한다.

물론 그동안 준비하고 다져 놓은 것들이 있어서 잘 감당해 왔겠지만, 앞으로 말씀 연구와 설교 준비에 어떻게 해서든 더 많은 시간을 확보할 수 있기를 바란다. 다른 것은 다 양보할 수 있어도 말씀을 연구하는 시간만큼은 절대 양보할 수 없다는 각오를 다져야 한다.

성도들은 늘 말씀의 꿀을 사모한다. 그렇기에 목회자에게 가장 좋은 꿀을 먹이겠다는 일념이 있는지 없는지는 성도들이 그 누구보다 가장 빠르게 느낀다. 정성껏 준비된 말씀인지 아니면 그저 개인기로 때우는지 하나님이 아시고 성도들이 안다. 내가 늘 말해 왔듯이 목회자는 설교자다. 하나님의 말씀에 대한 집념과 집착이 사라지면 목회자는 반드시 길을 이탈하고 만다. 다른 어떤 것보다 이것을 명심해 주길 바라고 또 바란다.

그리고 동역하는 교역자들에게도 꼭 말씀을 연구하고 책을 읽고 공부할 수 있는 습관을 들이도록 독려해 주기를 바란다. 어쩌면 오늘날 교회의 가장 큰 문제들 중 하나는 특히 교역자들을 담임목사나 성도들이 존중하지 않는 것이라 할 수 있다. 마치 기계의 부속품처럼 교역자들을 대우하는 경우가 얼마나 많은지 모른다. 사무실에서 성경책 본다고 혼내는 담임목사가 있다는 말도 안 되는 소리도 들었다. 결국 이들이 성장해서 한 교회의 담임이 된다는 사실, 다름 아닌 이들이 한국 교회의 미래라는 사실을 안다면 결코 그렇게 하지는 못할 것이다.

선배 된 목사로서 해야 할 일은 우리가 겪어 온 시행착오를 다음 세대는 겪지 않도록 잘 안내해 주는 일일 것이다. 특히 젊은 목회자일수록 말씀이 아니라 자신의 스킬을 이용해서 목회하려는 유혹에 쉽게 빠지고 만다. 아이들을 맡은 교육부서 사역자라고 해서 대충 설교하지 않도록 하고, 말 그대로 진심을 다해 설교할 수 있도록 늘 권면하거라.

그것은 교역자들 개인의 역량을 위한 것이기도 하지만, 결국은 교회와 성도들을 위한 것이다. 특히 여전도사님들도 하나님의 말씀을 다루는 일에 능숙한 사람이 되도록 잘 이끌기 바란다. 비록 우리 교단은 여성 안수를 허용하지 않지만, 그와 상관없이 사역자로 부름받은 이들은 모두 말씀의 종이 되어야 한다는 사실에 누구도 예외는 없다는 것을 늘 일깨워 주었으면 한다.

교역자로 생활하면서 옆의 동료들을 바라보았을 때에 비해, 담임이 되어 함께하는 동역자들을 바라볼 때의 시각 차이가 상당히 클 것이라 생각한다. 무엇보다 한 사람 한 사람의 부족한 점들이 눈에 띄게 보일 것이다. 그렇기 때문에 담임목사에게 최우선의 목회 대상은 다름 아닌 함께하는 동역자들일지 모른다. 부디 이 말을 잘 새기길 바란다.

목회라는 것은 바르게 가르쳐 올바른 길로 이끄는 영역이 분명히 있지만, 그보다 더 중요한 것은 하나님께서 우리를 기다려 주시듯 사랑으로 참고 기다리는 일이다. 따라서 함께하는 교역자들이 담임목사의 목회 대상이란 말의 의미는, 담임목사는 함께하는 교역자들을 늘 참고 기다려 주는 것을 기본 태도로 삼아야 한다는 뜻이다. 동역자들이 실수도 많이 하고 네 눈에 못 미치는 면들이 있다 할지라도 인내하길 바란다. 우리가 그렇게 해야 하는 것은 늘 말해 왔듯이 그 사람을 믿기 때문이 아니라, 그 사람을 만들어 가고 계시는 하나님을 믿기 때문이다.

하나님께서 우리를 기다려 주신 것을 생각한다면, 그리고 지금도 우리를 향해 모든 인내를 보이고 계신다는 것을 생각한다면 우리가 참지 못하고 기다려 주지 못할 사람도 없다고 생각한다.

그런 점에서 목회는 결코 목사가 하는 것이 아니라고 말하고 싶구나. 목회는 하나님께서 성도들을 향해 인내하시는 것이다. 우리가 뭐 얼마나 훌륭하고 인격적으로 대단하다고 누군가를 바른 길로 이끌겠다고 자처하겠니? 신학대학원에서 조금 더 성경에 대한 학문적인 훈련을 받았다는 것 외에 우리가 내세울 만한 것이 별로 없다. 너도 느끼겠지만 목사를 부끄럽게 할 만한 신앙을 가지신 성도님들이 얼마나 많은지 모른다.

그러니 항상 누구에게나 겸손한 마음과 태도를 갖길 바란다. 목회가 조금 되는 것 같고, 교회가 커 가는 것 같으면 사람은 여지없이 교만해지고 만단다. 그래서 자신이 뭔가 대단한 사람인 양 착각에 빠지기 쉬운 것이 인간이고 특별히 목회자는 더욱 그렇다. 우리는 목사라는 직분을 가지고 그리스도의 학교에 들어와 있을 뿐이다. 우리는 평생 그 안에서 훈련하고 깨어지고 다듬어져 가는 것이다. 그리스도께서 우리를 향해 보이고 계신 인내 때문에 너와 내가 이 자리를 지키고 있는 것일 뿐, 우리가 내세울 수 있는 것은 아무것도 없다는 사실을 명심하고 또 명심하길 바란다. 그것만이 목회자로서 끝까지 충성할 수 있는 유일한 길이다.

*

무엇보다 이 말을 꼭 해 주고 싶구나. 단언컨대, 반드시 목회 여정에 어려움이 찾아올 것이다.

수많은 형태의 다양한 문제들을 만나게 될 것이다. 어쩌면 네가 전혀 예상하지 못했던 곳에서 문제를 만나게 될지 모른다. 그때 일을 해결하려고 애쓰는 목사가 되지 말고, 해결받는 목사가 되길 바란다. 내가 무슨 말을 하는 것인지 너도 잘 알 것이다. 때로는 가장 힘든 것이 아무것도 하지 않고 버티는 것이다. 당장 눈앞의 문제를 해결하려고 이리 뛰고 저리 뛰는 것이 더 쉬울 수 있다. 그리고 실제로 문제를 맞닥뜨리면 다급한 마음에 목사가 자신의 실력과 인맥을 가지고 문제를 해결하려고 나서기 쉽다. 그러나 목회자는 그렇게 해서는 안 된다. 특히 사람을 의지해서 문제를 풀려고 해서는 안 된다. 어쩌면 답답하게 보일지라도 해결하려는 사람이기보다는 우직하게 하나님 앞에 엎드려서 문제를 해결받기 위해 애써야 한다.

그때는 목사가 세상에서 가장 외로운 시간을 맞이하게 되는 때이기도 하다. 성도들이 몰라주는 것은 당연하고, 동역자들이나 심지어 가족들도 나를 이해하지 못하는 시간이 찾아올 수 있다. 그래도 하나님만 내 심정을 알아주시면 된다는 믿음을 가지고 버텨 내야 하는 시간이다. 하나님의 은혜 없이는 아무것도 할 수 없다는 고백이 뼈에 사무쳐야 하는 때다. 이 고백은 목회자의 유일한 고백이며 마지막 고백이어야 한다고 생각한다. 그렇게 고백할 수 있는 목회자가 정말 행복한 목회자라는 것을 깨닫는 날이 반드시 너에게도 올 것이다.

*

두서없이 쓰다 보니 잔소리가 또 길어졌구나. 돌이켜 보면 목회 여정에 부족함밖에 없다는 생각뿐이다. 성도들이, 동역자들이 참아 주고 용납해 주었기에 지금에 이를 수 있었다는 것을 내가 가장 잘 안다.

처음부터 다시 할 수 있다면 좋으련만 하나님은 인생에 한 번의 기회만 주시는구나. 물론 그간의 험악한 세월을 생각하면 이제 어느덧 짧지 않았던 목회 여정을 마무리하고 있는 지금이 가장 행복하다는 생각을 한다. 그저 하나님께서 나를 불쌍히 여겨 주시길 바랄 뿐이다. 너도 나와 동역하면서 섭섭한 적도 많았겠고, 나를 이해하기 어려웠던 적도 많았으리라 생각한다. 내가 부족했던 부분을 가장 가까이서 보고 배운 만큼 나를 반면교사로 삼아 너는 한 걸음 더 내딛는 목회자가 될 수 있기를 진심으로 바라며 기도한다.

너는 영원히 내 마음속 에이스다. 또 보자.

송태근

자랑스러운 제자 김바나바 목사에게

차준희

*

서울신대 학사(B.A.), 연세대학교 대학원 신학 석사(Th.M.), 독일 본(Bonn) 대학 구약학 박사(Dr.theol.)를 마쳤으며, 한세대학교에서 29년째 제자들과 함께 즐기며 구약성경을 이해하고 설교할 수 있도록 돕고 있다. 학교 교단과 교회 강단이 서로 손을 잡아야 한국 교회에 미래가 있다고 생각하며, 구약학 연구뿐만 아니라 구약성경을 모두에게 널리 알리는 구약 전도사로도 활동하고 있다. 이를 위해 교수 부흥사로 적극적으로 섬기며 이를 즐기고 있다.

학부에서의 첫 만남: 운동장에서 도서관으로

바나바야, 네가 군 복무를 마치고 복학생으로 내 수업에 처음 들어온 이후로 너를 알게 되었지. 네가 91학번인데, 나와의 첫 수업은 96년이었나? 섬마을에서 올라와 군 복무를 막 마친 너는 시골티 팍팍 나고, 도서관보다는 거의 매일 운동장에서 축구만 했던 모습이 눈에 선하다. 늘 신나는 모습으로 후배들에게는 맘씨 좋은 형으로 통했더랬지. 당시 나는 공부를 게을리하는 학생은 "신학-생"이 아니라 "신-악생"이라 부르며, 공부에 정진하도록 학생들을 강하게 몰아붙였던 것으로 기억한다. 나의 예언서 수업을 통해 신학이라는 큰 학문의 깊이와 넓이를 깨닫고 훗날 유학을 결심했다는 너의 고백을 듣고 스승으로서 맘이 뿌듯했다.

유학생 시절의 기숙사 초청: "제자 얼굴이 최고의 관광"

네가 켄터키주의 남침례신학교(The Southern Baptist Theological Seminary)에서 석사 과정을 하고 있을 때, 마침 아내가 2005-2006년에 테네시주의 밴더빌트 대학(Vanderbilt University)에 방문교수로 초청을 받아 1년간 미국에 머물게 되었던 적이 있었지. 그때 너희 부부와 서형석 목사 부부가 나와 우리 가족을 초대하여, 어렵게 시간을 내어 며칠간 켄터키에 방문한 적이 있었다. 그때 네가 얼마나 자신 있게 "교수님, 여기 무척 유명한 곳이고 관광할 곳이 너무 많아요. 꼭 저희 보러 오셔야 해요"라고 했지만, 정말 거기에서의 기억은 켄터키 프라이드치킨 1호점과 다 허물어져 가는 링컨 생가 정도만 생각나는구나! 약간 허탈해하는 우리 가족을 향해 생글생글 웃으며, "제자들 얼굴을 보는 것이 최고의 관광입니다"라고 넉살 좋게 말했던 일이 기쁜 에피소드로 기억난다.

너와 네 아내 리디아가 사는 기숙사에도 들어가 너희 두 사람의 너무 소박한 삶을 보고 내심 안타깝기도 하였다. 가난한 유학생 생활이 다 그러하지만, 너희들은 아주 열악했던 것으로 기억된다. 그래도 학교 도서관 아르바이트, 학내의 각종 아르바이트를 하는 등 씩씩하게 살아가는 모습이 매우 인상적이었다. 너는 어떠한 환경에서도 절대로 기죽지 않고 늘 파이팅 하는 모습이 큰 장점이다. 떠나기에 앞서 나에게 기도를 요청하여 기숙사 방에서 간절한 마음으로 너희를 위해서 기도하며 함께 눈시울을 붉혔던 일이 기억나는구나. 그 이후 유학 간 제자들의 기숙사로 찾아가서 격려하고, 기도해 주는 것이 나의 외국 여정의 관행이 되었단다.

학위 후 모교에서의 강의 열망, 그러나…

모든 유학생들의 로망은 모교에서 후배들을 가르치는 것이겠지. 나도 유학 중 포기하고 싶을 때마다 모교에서 강의할 모습을 그려 보며 마음을 다잡곤 했단다. 네가 학위를 마치고, 바로 나에게 연락을 주었지. "드디어 한세대에서 설교학 강의를 할 수 있게 되었다"고. 너는 미국의 삶을 완전히 정리하고 귀국하기로 마음을 결정한 상태였다. 그때 나는 최소한 시간 강의라도 만들어 보려고, 설교학 담당 교수와 학교 관계자들을 만나서 진지하게 상의를 하였다.

그러나 얼마 지나지 않아 졸업을 앞두고 태어난 아들, 지금은 건강해졌지만 당시 조슈아(Josuah)가 다운증후군으로, 그리고 심장에 커다란 문제를 가진 상태로 태어나 미국을 떠날 수 없다는 의사의 진단을 받으며 귀국을 접어야 했지. 모교에서의 강의라는 네 평생의 꿈이 좌절되는 순간이었다.

좌절하고 절망에 사로잡혀 있을 너를 생각하면서, 그 마음을 충분히 공감하기에 나도 마음이 매우 아팠다. "사람이 마음으로 자기의 길을 계획할지라도 그의 걸음을 인도하시는 이는 여호와시니라"(잠 16:9)라는 말씀을 묵상하며, 너의 앞날을 새롭게 인도하실 분에게 간절히 간구할 뿐이었다.

바나바야, 인생을 조금 살아 보니, 인생은 내 뜻대로 움직이는 능동태가 아니더라. 외부의 힘에 의해서 이끌리는 수동태라는 사실을 깨닫게 되더라. 나도 원래의 꿈은 의사가 되는 것이었다. 여덟 살 때 교통사고로 목숨을 건진 대신 한쪽 다리를 잃고, 병원에 실려 가 1년 가까이 몇 차례 수술과 재활훈련을 받으면서 병원 선생님들과 오랜 기간 함께 생활하였다. 그러면서 의사 선생님들의 고마움을 느꼈다. 어려서부터 나도 의사가 되겠다고 목표를 세우고 달려왔지만, 그 꿈은 나의 현실이 아닌 게 되었다. 의대(醫大) 대신 신대(神大)에 입학하게 되었고, 그때 모교 서울신학대학의 구약학 교수가 되겠다는 목표를 세우고, 공부에 매진하여 독일에서 학위도 마치게 되었다. 그러나 나는 모교가 아니라 타교인 한세대학교 구약학 교수로 살아가고 있다. 내가 설계한 나의 인생 시간표와 나를 위해 계획하신 하나님의 시간표가 늘 일치하는 것은 아니더구나. 그때 못 해 준 말을 이제야 털어놓는다. 내 뜻대로 풀리지 않는다고 속상해할 필요가 없고, 나보다 나를 더 잘 아시는 분께 또 다른 계획이 있을 것임을 믿고, 그분의 인도하심에 맡기는 것이 삶의 지혜인 것 같다. 나도 한세대에 와서 너 같은 제자를 만난 것이 아닐까?

교단의 설교학자에서 강단의 설교자로

네가 어쩔 수 없이 교수의 꿈을 내려놓고 워싱턴중앙장로교회 청년부 담당 목사로 사역을 시작했다는 말을 들었다. 감사하게도 멘토 같은 담임목사님을 만나서 네 안에 잠재된 목회적 DNA를 재발견하게 된 것 같다. 청년들과 함께 친형제같이 뒹굴며, 네가 학부 때부터 갖고 있었던 선교적 열정과 목회적 비전이 꿈틀거리며 새로운 비전을 품게 된 것은 아닌지 모르겠다. 몇 년의 훈련 기간이 지난 이후 너는 뉴욕의 퀸즈한인교회 담임목사로 청빙을 받았다. 개척도 아니고, 역사 있는 기존 교회의 담임 목회자로 부름을 받은지라, 대견스럽고 기쁘고 반가웠다. 비록 네가 원했던 학교 교단의 설교학자는 아니지만, 교회 강단의 설교자로 서게 된 것이 아마 그분의 보다 높은 뜻이었는지도 모른다.

만만치 않은 이민 교회의 어려운 현실

학자로서 29년째 지내오면서, 말버릇처럼 해 온 말이 있단다. "학자는 제자와 저술만 남는다." 그래서 선생들은 졸업한 제자들의 연락과 요청을 반긴다. 특히 제자들의 사역지로 초청받을 때 큰 보람을 느낀다. 이번에 마지막 안식 학기를 맞아 미국에 있는 한인 교인들을 말씀으로 위로하고, 현장의 목회자들을 응원하고, 현장에서 직접 보고 들으면서 신학의 현장인 교회의 현주소를 배우려고 하였다. 일차적으로 생각한 교회가 네가 섬기는 교회였다. 너의 수고로 퀸즈한인교회를 시작으로, 뉴욕과 뉴저지, 워싱턴, 시애틀, 엘에이에 있는 대표적인 한인교회를 섬기는 은혜를 입게 되었다. 12주 동안 16개 교회 부흥회를 섬기게 된 것이지. 덕분에 안식년이 안쉴 년이 된 점도 있지만… ^^

이민 교회의 목회가 힘들다는 말은 간접적으로 듣고는 있었다. 그런데 이번 여정을 통해서 크고 작은 교회의 사정을 현장에서 직접 접하면서 엄청난 충격을 받았다. 신앙인의 상식은 물론이고, 일반인의 상식도 벗어나고, 상상을 초월하는 일들이 교회 안에서 일상적으로 벌어지고 있다는 사실이 충격이었다. 교민 교회에서 받은 정신적 충격과 트라우마를 어렵게 토해 내는 목회자들을 만나면서 함께 분노했고, 함께 울음을 삼킬 수밖에 없었다. 목회지가 전쟁터라는 생각이 들었다. 교회에서 받은 상처로 아예 교회를 떠나서, 우버(Uber) 택시 기사로 전직하여 생계를 이어 가고, 아예 목회직을 내려놓은 부목사도 있더구나. 설교 중에 강단에서 성도에게 밀침을 당해 오랜 기간 동안 병원 치료를 받고 있는 목회자도 있고….

바나바야, 너에게도 어찌 이런 아픔과 상처가 없을 수 있겠느냐. 하지만 전통적인 교회에서 충돌하지 않고 인내로 화합하며 너만의 뜨거운 열정으로 성도들을 품고, 새롭게 젊고 뜨거운 교회로 도약한 모습을 직접 보면서 힘든 순간들을 성숙하게 이겨 낸 너는 이미 선생의 인품과 인격을 넘어서고 있었다. 참으로 대견스럽고 존경스럽기도 하였다. 목회자들이 교회에서 받는 사례금은 '설교비'가 아니고 '인내비'라는 말을 명심해 주기 바란다. 학부 때 그렇게 축구장에서 뛰더니 너의 맷집이 상당히 대단하더라. 너는 소명의 자리를 끝까지 지켜 내리라 믿는다.

후배를 친동생같이

바나바야, 너와 동역하는 후배 목회자들을 위해 부임 후 처음 진행한 일이 부목회자들의 사무실을 멋지게 리모델링한 일이라는 것이 참 인상적이었다. 첫 부임 후 보통 교육부실이나 미디어 등을 신경 쓰는데, 주변의 시선을 의식하지 않고 한배를 타고 있는 후배 목회자들에게 온 힘을 쓰는 모습을 보며 너의 결기를 느꼈다. 후배 동역자들을 친동생같이 여기고, 그들을 자신의 목회 도구로 여기지 않고, 그들의 앞으로의 사역과 사역지를 위해서 벌써부터 고민하는 모습도 인상적이었다. 모든 목회자들이 동역하는 후배 목회자들을 너처럼 친동생같이 귀하게 여긴다면 목회 현장이 오늘과 같이 팍팍하고 메마르지는 않을 텐데. 안타깝게도 후배 신학생들이 존경하고 배울 만한 선배 목회자들을 얼마나 찾고 있는지 모른다. 후배를 아끼는 태도에서 너는 이미 성숙한 목회자로 자리매김을 하고 있다.

바나바야, 네가 내 제자인 것이 얼마나 자랑스러운지 모른다. 선생의 인적 유산은 제자이다. 제자의 삶이 선생의 얼굴이다. 지금 같은 모습으로 변질되지 않고, 제자리를 지키며 서로에게 끝까지 자랑스러운 관계가 되기를 바란다. 나도 너에게 부끄럽지 않은 선생이 되도록 꾸준히 내적으로 성장하려고 노력하마.

미국의 한 집회 숙소에서

제자 덕분에 보람을 느끼는 선생이

강 목사님 송별회를 마치고

박영호

*

포항제일교회 위임목사로 지역 교회를, 미래목회와말씀연구원 원장으로 한국 교회를 섬기고 있다. 목회자들의 말씀 사역을 돕고 미래를 준비하는 일이다. 하나님이 우리에게 주신 가장 큰 사명은 사랑하는 일이라는 생각, 나는 사랑에 서툰 사람이라는 자각, 나를 지금 이 자리에 세우신 이유는 내가 사랑을 배워 가야 할 곳이기 때문이라는 믿음으로 살아가고 있다.

오늘은 긴 하루였습니다. 목사님 송별회 자리에 참석했을 때 많이 지쳐 있었습니다. 수차례의 설교와 강의, 회의…사람들을 만나고 일할 때는 모르지만, 지나고 나면 하나하나가 비상한 집중을 요하고, 체력뿐 아니라 감정적으로도 소모가 많은 일임을 깨닫게 됩니다. 교회 일로 중요한 상의를 하러 오는 분들, 개인적으로 어려운 상황에서 만나기를 청하는 분들 한 분 한 분 마음을 다해 만나야 하기에 오후 늦은 시간이면 녹초가 되어 있기 일쑤입니다. 어떤 말을 들어도 귓가로 지나가는 시간이지요.

그렇게 송별회가 열리는 교회 카페에 들어섰습니다. 그런데 강 목사님을 떠나보내면서 성도님들이 전하는 말 한 마디 한 마디가 또렷하게 귀에 들리면서 가슴에 활자처럼 박혔습니다. 지난 7년간 강 목사님이 베푼 사랑과 열정이 농축되어 담겨 있었기 때문일 것입니다. 성도님들의 말을 거울 삼아, 강 목사님을 비추어 봅니다. 수줍은 웃음! 강 목사님은 그렇게 기억되는 것 같습니다. 누구보다 자주 웃는 모습을 보였지만, 뭔가 개운하지 못한 웃음, 웃음으로만 가득 채우기에는 미안해하는 듯한 느낌이었습니다. 파안대소하는 모습을 잘 보지 못했습니다.

오늘 송별회에서 강 목사님을 위해 기도하면서 눈물을 보이고야 말았습니다. 헤어지는 아쉬움도 있었지만 담임목사로 부임하게 된 것에 축하하는 마음이 컸는데, 눈물을 보인 것은 아린이와 아인이를 위하여 기도하는 대목에서였습니다. 목사의 자녀로 태어나서 감내해야 하는 아픔이 있을 것입니다. 교회를 떠난다는 소식을 듣고 아인이가 며칠째 울고 있다는 말을 들었습니다. 우리 가정도 시카고에서 교회를 떠나오기가 무척 힘들었습니다. 교우들, 특히 교역자 가정들은 서로의 집에 돌아가면서 자주 모이며 친밀하게 지냈습니다. 함께 먹고 떠들고 웃는 시간들은 천국 같았습니다. 청이는 외동이지만 많은 언니 동생들 사이에서 자라나는 복을 누렸습니다. 오랫동안 친언니, 친동생과 교회에서 만나는 언니 동생을 구분하지 못했습니다. 그 구분을 알게 되면서 "예빈이는 진짜 동생 아냐?"라고 울먹이면서 물어보기도 했습니다. 그 혼란은 금방 극복했습니다. 함께하는 시간들이 그만큼 따뜻했기 때문이었습니다. 한국으로 오면서 아픈 이별을 해야 했고, 과천교회를 떠나올 때 또 한 번 아픔을 겪어야 했기에 강 목사님 두 딸의 눈물이 예사로이 보이지 않습니다.

아린이와 아인이는 교회에서 늘 친구들을 몰고 다니며 골목대장 하던 아이들이라, 새 교회에 가서 금방 좋은 친구들을 사귈 것 같아요. 그러나 담임목사의 자녀라는 부담이 없지는 않을 것입니다. 아이들을 위해 기도합니다. 무엇보다 자신들이 목회자의 자녀인 것을 자랑스럽게 여기는 아이가 되었으면 좋겠습니다. 목회자의 자녀로 자라면서 불편한 점, 아쉬운 점, 억눌리는 점들이 많을 것입니다. 아빠 엄마는 더욱 바쁠 것이고, 채워 주지 못하는 부분들도 많을 것입니다. 물론 강 목사님의 성품으로 볼 때 담임목사의 자녀라는 틀에 아이들을 억지로 밀어 넣어 힘들게 하지는 않을 것으로 생각합니다. 그럼에도 본인들이 느끼는 어려움은 있을 것입니다. 목회자의 가정에서 자란 것을 자랑스럽게 여긴다면, 충분히 이겨 낼 수 있을 것입니다.

*

몇 해 전 여름, 교역자 수련회로 속초에 갔을 때 모닥불 앞에서 얘기를 나누다가 하나둘 떨어져 나가고, 강 목사님과 내가 마지막까지 남았던 기억이 있습니다. 장작 지피는 데 자신 있다고 끝까지 불 앞을 지키던 목사님이 불멍이라는 분위기에 힘입어 나누고 싶었던 얘기가 있었던 것이겠지요. 집안의 상처들과 어린 시절 이야기에 깜짝 놀랐습니다. 그런 경험을 하고도 이렇게 말짱하게 성장할 수 있다니요? 그렇게 깊은 상처를 준 교회를 떠나지 않은 것만도 놀라운데, 목사가 되었다니요? 할리우드 재난 영화에서 끔찍한 사고를 겪고 돌아와, 살아남은 사실만으로도 온 국민의 박수를 받는 그런 영웅을 보는 듯하여 숙연함마저 느꼈습니다.

그제야 목사님의 웃음에 꼬리표처럼 따라다니던 수줍음이 이해가 되었습니다. 사실 목사님의 설교를 들을 때면 차근차근 끌어가는 전개에 쏙 빠져 듣다가 결정적인 대목에서 아쉬움을 느꼈습니다. '왜 저 대목에서 머뭇거리지? 저기서 가속 페달을 세게 밟으면 좋을 텐데.' 정상을 앞두고 마지막 고개 앞에서 멈추어 선 것 같은 느낌을 받을 때가 많았습니다. 성격 때문인가, 복음에 대한 확신 부족인가 하는 생각을 했습니다. 그런데 목사님의 삶을 듣고 보니 이해가 되었습니다.

실은 설교에 대해서 언젠가 한번 조언을 할까 하다가 차

일피일하던 중이었습니다. 이 말을 듣고 안 하길 잘했다 싶었어요. 어쩌면 우리 시대에는 약간 모자란 듯한 설교가 필요한지도 모르겠습니다. 과장된 확신의 언어가 넘쳐나는 시대에 수줍은 듯한 설교, 결정적인 고개를 유유자적하게 넘기보다, 그 앞에 청중을 그냥 세워 두는 설교. 이런 불친절한 설교가 청중을 깊이 있는 고민으로 이끈다면 딱 부러진 대답 없는 세상을 살아가야 하는 이들에게 긴요한 도움이 되겠지요. 당장은 답답하거나 무기력하게 보일 수 있지만요.

그런 점에서 목사님을 청빙한 은혜교회는 성숙한 청중일 것이라 생각합니다. 제가 강 목사님의 설교에 손대고 싶었던 이유도 요즘 청중이 속 시원하게 큰소리치는 설교를 좋아한다는 얄팍한 판단에서였던 것 같습니다. '빨리 담임목사로 청빙받아야 할 텐데'라는 조급한 마음에 그만 섣부른 코치를 하려 했던 것이지요. 이런 게 일종의 타락입니다.

생각해 보면 나도 목사님의 설교에 잔잔한 감동을 받았던 것 같습니다. 당장은 아쉬워도, 생활 중에 문득문득 생각나는 대목들이 많았습니다. 그 말들이 목사님의 진중한 어투와 표정과 함께 떠오른다는 것은 그만큼 그 말씀이 체화되어 있었다는 말이겠지요. 약간 모자란 듯한 설교를 통해서 더 풍성한 목회적 관계가 시작될 수 있다는 것을 강 목사님이 보여 주었습니다. 멀리서 우러러보는 영웅적인 연사보다, 가까이 다가가 마음을 나누고 싶은 설교자가 사람들에게는 더 필요한 때이니까요.

누군가 그러더군요. 사람을 사랑한다는 것은 등을 사랑하는 것이라고. 이분은 아버지에 대해 말했던 것 같습니다. 늘 엄하고 절제되어 있던 아버지, 틈이 없던 분이었는데, 어느 날 아버지가 고개 숙이고 있는 뒷모습을 보면서, 그 등에서 쓸쓸함과 무기력을 발견했다고 합니다. 아버지의 약한 모습을 보면서 아버지의 모든 면이 이해되고 용납되며, 마음속에서 아버지와 화해하게 되었다고 하더군요. 차마 얼굴로는 하지 못한 화해를 등이 만든 셈입니다. 목회가 힘든 이유가 늘 앞모습만을 보여 주어야 하는 까닭이 아닌가 싶어요. 늘 앞에 서서 환한 얼굴로 성도를 맞이하고, 확신에 찬 목소리로 진리를 외쳐야 하니까요. 목사의 마음에도 그늘이 드리우고, 목사의 삶에도 회의가 찾아오는 것이 당연할 텐데, 목사가 서 있는 곳은 그 한 자락을 내보이기도 머뭇거려지는 자리입니다. 그러나 자신의 깊은 고민과 무관한 말과 표정으로 살아가는 것은 무척 해롭다고 우리는 서로 자주 얘기했지요.

결국 목사가 고독해지는 수밖에 없습니다. 홀로 주님 앞에서 절망하고 탄식하는 것밖에는 답이 없습니다. 어쩌면 목회란 '나를 떠나서는 너희가 아무것도 할 수 없음이라'는 한 마디 말을 폐부로 깨달아 가는 일인지도 모르겠습니다. 절망의 나락에서 무언가를 간절히 붙들어 본 사람만이 알 수 있는 언어가 있습니다. 내 안에 있는 간절함이 성도들의 탄식과 만나는 것이 성령이 우리 가운데 일하시는 방식입니다.

나의 탄식이 갈급함이라는 것을 깨달을 때, 우리의 삶은 사모함이라는 일종의 방향성을 갖게 됩니다. 학생에게 공부하고 싶은 마음이 들게 하는 선생이 좋은 선생입니다. 건강을 잘 지키겠다는 결심을 도와주는 의사가 좋은 의사입니다. 마찬가지로 사람들로 하여금 기도하고 싶게 만드는 목회자가 좋은 목회자입니다. 성도들을 위해 기도해 주는 이도 좋은 목회자이지만, 기도하고 싶도록 하는 이야말로 훌륭한 목회자입니다.

목회자의 임무는 사람들을 만족시키는 것보다 갈망하게 하는 데 있습니다. 하나님만이 주실 수 있는 만족을 자신이 줄 수 있다고 착각하는 목회자는, 사람들을 피상적으로 만들 뿐 아니라, 스스로 지치게 되어 있습니다. 어려운 점은 만족은 눈에 보이지만 갈망은 잘 보이지 않는다는 것입니다. 그래서 우리는 당장의 만족에 초점 맞추기 쉽습니다. 성도들이 좋아하는 설교나 프로그램에 점점 더 목매게 되고, 목회자는 더 소진됩니다. 목회자 스스로가 인정받는 것에 목마르기 때문에, 성도들의 만족을 통하여 스스로를 증명하고 싶어 하거나 위로받고 싶은 악순환에 빠지는 것이지요.

먼저 내 안에 있는 욕망을 헤아리는 것이 무엇보다 중요합니다. 내 안에서 잡다한, 사실은 너저분한 욕망들을 발견하는 것은 힘든 일이지만, 정직하게 마주하고 하나님 앞에 내어놓으면서, 그 욕망들을 하나님을 향한 갈망에 순복하도록 해야 합니다. 많은 목회자들이 몸과 맘이 상할 정도로 열심히 목회하는데, 그것이 나의 인정 욕구를 위한 것이라면 얼마나 허무한 일이겠습니까? 나의 갈망에 민감해지다 보면, 성도들의 만족의 눈빛뿐 아니라 갈망의 탄식에도 민감해질 것입니다. 그럴 때 진정으로 생명을 사랑하고 진리를 찾아가는 구도자의 삶이 가능해집니다. 아직 예수를 믿지는 않지만 교회는 나오는 사람들을 추구자(seeker)라고 부르는 경향이 있는데, 어쩌면 여느 교인이나 목회자들보다 훨씬 더 성숙한 신앙을 가진 사람을 부르는 말일 것 같다 싶습니다.

구도는 지식으로 대신할 수 없습니다. 나도 책을 좋아하는 사람입니다. 식욕(食慾)을 다스리는 것보다 식욕(識慾)을 절제하는 것이 더 힘든 부류이지요. 많은 목회자들이 그럴 것입니다. 목회자의 방은 대체로 책으로 가득 차 있습니다. 유진 피터슨이 목사의 방은 사무실(office)이 아니라 서재(library)라는 의미를 강조한 적 있습니다. 틈만 나면 서점이나 도서관으로의 탈출을 꿈꾸는 나에게는 전적으로 공감되는 말입니다. 그러나 목회를 하다 보면 늘 시간에 쫓기지요. 조용히 묵상하고 독서하는 시간을 내는 일이 생각보다 힘듭니다. 내 방에 들어서면서 "우리에게 구름과 같이 둘러싼 허다한 책들이 있으니"라고 혼잣말처럼 중얼거릴 때가 있습니다. 그러다가 "우리에게 필요한 것은 증인인데…"라는 생각이 문득 들었습니다. 감사한 것은 가끔씩 어떤 저자들은 나에게 살아 있는 목소리로 다가온다는 것입니다. 때로는 생생한 표정으로 보이기도 합니다. 책이 '증인'이 되는 순간입니다.

한국 교회는 이 공간을 주로 '목양실'이라고 하지요. 목양하면서 만나는 많은 사람들, 또는 교회 일을 의논하면서 머리 맞대는 사람들이 우리 삶의 증인입니다. 삶에서 만나는 이야기와 고민, 현실의 질문이 있기 때문에 책의 어떤 부분이 살아 움직이는 것입니다. 서재와 목양실의 통합이라고 할까요? 나는 신학과 목회의 통합이라는 말보다 이런 공간적인 표현이 좋습니다. 지역 교회 목회를 하다 보면, 공간의 구체성에 눈뜨게 되지요. 추상적인 신학 지식이 성육신되는 과정이라 할 수 있습니다.

    이 공간, 목양실에 없어서는 안 될 것이 무엇일까요? 나는 티슈라고 생각합니다. 많은 사람들이 고민을 안고 목회자를 찾아옵니다. 어디서도 울 곳 없는 사람들이 목회자 앞에서 울 수 있다면 그는 소임을 잘 감당하고 있는 것입니다. "너희는 마음에 근심하지 말라.…내 아버지 집에 거할 곳이 많도다"(요 14:1-2) 하셨습니다. 힘겨운 세상, '이미 아직'의 시간을 살아가는 우리에게 '아버지 집'은 마음 놓고 울 수 있는 공간이라는 의미가 큽니다. 교회가, 목회자가 그 공간을 제공해 주어야 합니다.

*

    강 목사님, 쓰다 보니 충고, 아니 설교같이 되어 버렸네요. 이러지 않으려 했는데…직업병입니다. 치유받기 힘든! 목사님은 되도록 이런 병에 걸리지 않기를 바랍니다. 특유의 수줍음을 계속 유지하신다면 그럴 수 있으리라 생각합니다. 언제고 목회가 힘들 때는 연락 주세요. 티슈 준비하고 기다리겠습니다. 포항 물회와 함께!

주 안에서 사랑으로
박영호 드림

* 언젠가 써 보고 싶었던 편지였는데 IVP가 기회를 주셨다. 이 편지의 강 목사님은 실존 인물이 아니라, 내가 경험한 많은 목사님들의 면면을 모아 놓은 모자이크 같은 인물이다. 바울이 디모데에게 쓴 편지는 '목회서신'이라 한다. 한 사람에게 쓰는 형식을 빌렸지만, 다수의 독자를 위해 쓴 글이다. 철학자 세네카가 루킬리우스라는 젊은 벗에게 보내는 편지 형식을 빌려 동시대인들에게 하고 싶은 말을 쓴 『윤리서신』과 비슷하다. 이 책에 실린 글들이 그런 역할을 하기를 기대한다.

주 안에서 나의 동생, 우성균 목사에게

김관성

*

사람들 보기에 만만한 목사로 인식되기를 소망하고, 다시 만나고 싶은 사람이 되기를 꿈꾸는 그저 그런 목사.

우성균 목사님!

이렇게 부르니 좀 어색하네. 성균아! 이렇게 부르는 게 훨씬 정겹구나. 역시 사람은 다른 수식어 빼고 이름 자체를 부를 때 그 사람이 온전하게 드러나는 것 같다. 성균아, 너와 함께했던 지난 7년의 시간은 내 인생의 봄날이었고, 태어나서 처음 의미 있는 결과를 만들어 낸 시간이었단다. 이전까지의 사역이 의미 없지는 않았지만 내가 왜 그렇게 헤매고 방황했는지 너를 만나 사역하며 알게 되었어. 남들은 행신침례교회가 세워진 일을 두고 나를 칭찬하기 바쁘지만 내 마음에서뿐 아니라 교회를 함께 세웠던 많은 이들은 이런 결과가 주어진 연유에 네가 있다는 사실을 생생하게 증언하고 있다. 고맙고 또 고맙구나. 내가 그 시간과 추억을 어찌 다 잊을 수 있겠니. 인간적인 정과 의리를 생각하면 영원히 함께하면 좋으련만, 그리스도의 영광스러운 복음을 전하는 자리로 부름받은 사역자들은 욕망보다 소명을 쫓아가야 하는 사람들이기에, 새로운 교회를 세우기 위해 미련 없이 떠나련다.

떠나며 내 마음에 있는 이야기들을 몇 가지 너에게 나누고 싶다.

첫째로, 성균아. 평생 맨땅에 헤딩하는 사역을 해 나가라. 이제 행신교회는 어느 정도 성장했기에 가용할 수단들이 많다. 그러나 그 수단을 의지하지 말거라. 아무것도 없는 상황에서 역사하시는 하나님의 손길을 맛보라는 의미도 있지만 그보다 중요한 게 있다. 이것도 저것도 안 되는 처절한 경험 속에서 목회는 목회자 자신이 준비한 것으로 승부하는 것이 아님을 뼛속 깊이 깨닫게 된다. 나는 네가 그걸 깨닫기를 진심으로 바란다. 준비한 만큼 사용하시는 하나님이 아니라, 준비한 것의 무용함을 깨닫게 하시는 하나님. 그 하나님을 네 목회 여정에서 계속해서 만나길 바란다. 그래야 자기 자신을 믿지 않고 하나님을 의지하는 목사가 된다. 사람들이 모이고, 돈이 쌓이고, 가용할 수단들이 많아질 때, 목회자는 누구나 그것을 바탕으로 한 사역에 익숙해지기 마련이다. 그러나 꼭 명심해라. 그 지점이 바로 목회자가 무너지기 시작하는 초입이란다. 너도 인식하지 못하는 순간, '아 목회가 마음먹은 대로 다 되는구나' 하는 마음이 네 영혼에 새겨지기 시작해. 그 지점에서 사역도, 인생도, 신앙도 스텝이 꼬이고 길을 잃게 된다는 것, 반드시 기억해라.

둘째로, 사람을 수단과 도구로 보지 않고 존재로 보는 목사가 되라. 목회에 대한 인간적 자신감이 생길 때, 사람이 수단으로 보이기 시작한다. 굉장히 위험한 일이지. 너는 어떤 일이 있어도 한 영혼을 온 마음 다해 돌보는 목사로 남아라. 목회자가 이 일에 실패하면 사람을 잘 관리하는 사장님이 되어버리고 말아. 교회를 더 발전시키고, 사람을 더 모으고, 일정 규모 이상의 영향력을 가지고 싶어 하는 마음이 네 마음속에 자라고 있는지 늘 점검해라. 하나님 나라 주식회사 사장님이 되는 것은 시간 문제거든. 성균아, 목회의 궁극적 목표와 지향이 무엇인지 늘 기억해라. 교회가 성장하는 일보다 너 자신이 하나님의 사람으로 온전하게 되는 일이 더 중요하단다. 그 일을 위해 주님께서 너를 그 현장에, 복음 전하는 사람으로 세우셨음을 잊지 마라. 목회는 우리가 주님을 더 깊이 알고, 더 닮아 가는 싸움이지 목회 자체를 얼마나 능숙하게 감당하는가의 싸움이 아니다. 기능적으로 능숙한 목사보다 성도들이 또 만나고 싶은 따뜻하고 정 많은 목사가 되라. 나는 진실로 네가 이 일에 실패하지 않았으면 좋겠다.

셋째로, 초라하고 비참한 목회 현실도 하나님의 영광을 드러내는 재료가 된다는 사실을 잊지 말거라. 목회는 늘 막막한 현실을 만난다. 사람에게 실망하고, 돈 없어 전전긍긍하고, 너무 많은 일로 건강이 상하고, 자존심이 무너지고, 가족을 지킬 수 없는 수많은 상황들을 만나게 되지. 솔직히 인간적으로 좋은 날은 별로 없어. 이제 좀 안정적인 상황이 되었다 싶으면 더 큰 산이 기다리고, 이 터널만 지나면 내 인생에 빛이 들겠구나 하는 찰나에 더 긴 터널을 만나게 되는 것, 그게 목회야. 그러므로 어떤 현실이 너를 찾아오더라도 너무 실망하지 마라. 조금 투덜거리고 다시 일어나라. 우리 하나님은 죽음을 재료 삼아 부활을 만들어 내시는 분이 아니냐. 교회를 이전하며 성도들에게 차마 헌금하자는 이야기를 할 수 없어서, 우리 둘이 은행에 대출받으러 간 날 기억하니? 나는 300만 원, 너는 빵 원. 그 통보를 받고 은행 앞에서 하늘을 보고 울었던 날을 나는 잊지 못한다. 과장되게 말하면 그 시간을 어떻게 이겨 냈는지 기억이 나질 않아. 중요한 건 그 경험을 통해,

성도들이 마음 다해 드리는 헌금이 얼마나 소중한지, 하나님을 진실로 의지한다는 것이 무엇인지, 막막한 현실 속에서 우리 안에 어떤 감정과 생각이 튀어나오는지 생생하게 느꼈잖아. 우리 자신의 한계와 결핍이 무엇인지도 분명히 알았던 것 같다. 하나님은 그렇게 우리 안에서 일하신다. 네 안에 시작된 하나님의 역사는 네가 감각하지 못하는 상황에서 더 많이 이루어져 가고 있음을 잊지 말거라. 자신이 서 있는 그 지점에서 하나님의 역사를 자기 눈으로 확인하려는 마음 때문에 많은 목회자들이 시험 들고 좌절한다. 하나님은 삶의 어떤 조건과 형편 속에서도 우리를 복되게 하시고 우리가 생각하는 것보다 항상 더 많은 은혜를 주시는 분임을 기억해라. 이것을 마음에 새기지 못하면 우리는 소명의 길을 내던지고 다른 재미에 빠져들게 되거나 결국 이 길을 포기하게 되는 일이 벌어진다. 목회 여정 내내 하나님의 선하심을 맛보아 아는 사람으로 살아라.

넷째로, 내가 너를 비롯한 사역자들에게 늘 했던 말, 기억하니? "제발 누군가의 눈치 보지 말고 네 존재 자체를 뿜어내며 사역해라." 성균아, 사람들의 눈치를 보는 순간, 자기를 잃어버리고, 자기가 아닌 다른 존재로 살거나 연기하며 살아야 된다. Be yourself! 너는 언제든 너 자신이 되렴. 그것이 가장 교회를 위한 길이고 동시에 너를 위한 길이다. 어떤 상황에서도 위선 떨지 말고 이제까지 그리스도 안에서 믿음의 분투를 하면서 달려 온 네 신앙의 결과 컬러를 유지해라. 너에게만 허락된 삶을 통해 너에게만 담긴 그 은혜를 자연스럽게 전해라. 그러면 된다. 잘한다는 둥 못한다는 둥 사람들의 말에 휘둘리지 마라. 담임목사로 네가 진심으로 행복하고 즐겁게 사역할 때, 다른 사역자들도, 교회 식구들도, 너도 그 안에서 역사하시는 하나님의 아름다우심을 보게 될 거야. 그러므로 너는 너답게 사역해라. 전임자인 나와 내 사역의 흔적을 완전히 지우거라. 성균아, 내가 가끔 설교하다가 한국 교회의 안타까운 상황이나 악한 짓을 하는 사람들을 언급하면서 거친 표현을 사용했던 적이 있었잖아. 언젠가 네가 강단에 올라서 나랑 비슷한 표현을 하니까 분위기가 착 가라앉더구나. 그런 역할은 내 역할이지 네가 하면 어색하단다. 어떤 상황에도 누군가의 앵무새가 되지 마라. 너에게는 하나님께서 주신 특유의 논리와 부드러움이 있잖니. 그것으로 설교하고, 너에게 주어진 고유한 것으로 사역해라. 그때 가장 복된 결과들이 나타날 것이다.

김관성

다섯째, 성균아. 아무래도 나는 외모도 목회 방식도 투박하고 촌스럽다. 하지만 너는 외모도 그렇고 어떤 일을 처리할 때도 늘 깔끔하고 정갈했어. 그런데 그 지점에서 나는 노파심이 생긴다. 어떤 경우에도 세련된 목회에 집착하지 마라. 그러다가 '아무나 오게, 아무나 오게'를 외치지 못하는 사역자가 될 수 있다. 목회를 조금 더 잘하고 싶은 그 열망이 교회의 문턱을 높이고, 교회 안의 프로그램들을 중산층의 취미 생활로 만들 수 있다는 말이지. 내가 그곳에서 목회하면서 들었던 가장 마음 아픈 이야기는 어떤 자매님이 하셨던 이 말이었다. "목사님, 솔직히 돈이 없으면 교회 다니기도 힘든 시절이 된 것 같아요. 눈치가 너무 많이 보여요." 너는 담임목사로서 교회 안에서 형성되는 분위기, 사람들의 패거리 문화, 교회 재정이 지출되는 흐름과 용처를 잘 파악해야 한다. 그래서 어떤 상황에도 경제적으로 어려운 사람들, 마음에 상처가 많은 사람들, 지치고 곤고한 사람들이 교회 문턱을 넘기 어려운 제도와 시스템이 교회 안에 고착화되지 못하도록 만들어라. 무엇보다 너 자신의 시간을 삶이 안정적인 사람들보다는 곤고하고 지친 사람들, 기댈 곳이 없는 사람들에게 쏟아부어라. 주님께서는 세리와 죄인들의 친구셨는데, 우리 친구들이 우리와 말이 잘 통하고, 우리의 사역과 형편을 잘 이해하는 사람들로만 형성되고 있다면, 그것 자체가 심각한 일이 벌어지고 있다는 객관적 지표가 아니겠니? 더 나은 교회, 더 효율적인 교회, 더 세련된 교회와 목회를 향한 목회자의 열심이 교회의 문턱을 높이는 바람에 교회를 아무나 올 수 없는 현장으로 만들고 있다면 그것만큼 서글픈 블랙 코미디가 어디 있겠냐.

여섯째, 사람들이 너를 향해 가지는 일차적 이미지가 '하나님 말씀을 증거하는 사람', '하나님 말씀으로 성도들을 목양하는 사람'이라고 느끼게 해라. 당연한 말 같지? 우리 시대의 너무나 많은 목회자들이 이것을 놓쳐 버리고 살고 있다. 성균아, 목회하는 동안 너무 많은 것에 관심을 기울이지 말고 담백한 삶을 살아라. 물론 이런저런 취미를 가지는 것은 좋다. 그런데 절대로 도를 넘지 마라. 목회자들 중에는 특정 분야의 전문가들이 너무 많다. 내가 보기에 이런 현상이 결코 좋지만은 않다. 나는 네가 하나님 말씀을 전하는 것보다 더 잘하는 것은 없는 수준에서 어떤 취미를 가졌으면 좋겠다. 사진, 커피, 여행, 각종 스포츠 등 목사라고 해서 못할 이유도 없고, 얼마든지 그것으로 인한 재미와 보람을 누릴 수 있다. 그런데 배보다 배꼽이 더 커지는 현상이 벌어지면 안 되겠지? 하나님 말씀을 전하는 일, 사람들을 돌보고 섬기는 일 그리고 그 사역으로 말미암아 맺히는 열매에 마음을 집중해라. 네가 이 일에 열정이 없거나, 재능이 없거나, 잘 감당할 자신이 없거나, 무엇보다 다른 일에 더 마음이 뺏기고 있다면 너의 소명을 의심해 봐야 된다. 성도들의 입에서 '우리 목사님은 하나님 말씀을 전하는 사람', '언제나 우리 곁에 있는 사람'이라는 말이 자연스럽게 흘러나올 수 있도록 네 삶을 잘 다스려라. 이 일에 실패한다면, 목회가 어느 순간 자아실현의 도구로 전락하고 만다.

일곱째, 성균아. 텐도 아라타의 장편소설 『애도하는 사람』(문학동네)이 준 감동을 나는 잊을 수가 없다. 소설 속 주인공 시즈토는 자신과는 아무런 관계가 없는 생면부지 타인의 죽음을 애도하기 위해 일본 전역을 떠돌아다녀. 깊이 생각하지 않으면 그의 기이한 행동을 아무도 이해할 수 없다. "알지도 못하는 사람들, 그것도 죽은 사람들을 무슨 이유로 저렇게 열심히 찾아다니며 애도하는 것일까?" 누구나 이 질문을 그에게 던지지. 그러나 그는 보통 사람들이 가진 상식과 시각을 뛰어넘는, 인간 한 사람 한 사람을 향한 따뜻함과 애틋함을 가진 사람이었어. 주인공의 이 고백을 잊을 수가 없다. "나는 돌아가신 분을 다른 사람이 대신할 수 없는 유일한 존재로 기억하고 싶습니다. 그것을 '애도한다'고 말하고 있습니다." 그는 어떤 사람의 죽음 앞에서도 항상 동일한 질문 세 가지를 던지더라. "그분은 어떤 분에게 사랑받았나요? 어떤 분을 사랑했나요? 어떤 일로 사람들이 그분에게 감사를 표했는지요?" 시즈토의 질문 속에는 이 땅에서 사는 동안 어떤 업적과 성취를 이룬 사람인가에 대한 질문은 찾아볼 수 없어. 이 땅에 태어난 인생이라면 누구나 간직하고 있는 사연과 내용을 가지고 한 사람의 인생을 평가하고 있는 것이지. 하나님의 형상대로 지음받은 인간의 삶과 죽음에 구별을 두는 태도는 타락한 세상이 자기들의 기준으로 암묵적으로 합의한 일이지 하나님의 선하신 뜻이 아니다. 이 사실을 마음 깊이 새겨라. 성균아, 목회는 끊임없이 사람을 구별하려는 시험 앞에 서게 된다. 충성하고, 순종 잘하고, 헌금 잘하는 성도에게 이상하게 마음이 끌린다. 반대로 말도 되지 않는 일로 시비를 걸고, 성도들 사이를 이간질하는 사람들을 보면 스트레스가 극으로 치닫는다. 어느새 사람들을 구별하려는 경향과 태도가 목회자에게 형성되지. 하나님은 무슨 이유로 이런 사람들을 주님의 몸 된 교회 안에 허용하시는 걸까? 솔직히 나도 잘 모르겠다. 그러나 분명한 것은 그런 사람에게 시달린 그 시간들 속에서 너의 사유의 폭은 깊어질 것이고, 장탄식과 함께 더 절박하게 기도의 자리로 나아가게 될 거라 확신한다. 이런 관점에서 보자면, 그 모든 사람들이 목회 초년병을 훈련시키는 하나님의 선한 도구들이다. 그 사람들 역시 누군가로부터 사랑받고, 누군가를 사랑하고, 그들의 존재 자체를 감사하는 사람들이 있음을 늘 기억해라. 어떤 경우에라도 사람을 구별하지 않는 목회자로 남아다오.

여덟째, 성균아. 내가 잘하지 못한 영역이라 그런지 너에게 가정과 관련해서도 한마디 하고 싶구나. 목회자들이 아내에게 하는 가장 비겁한 짓이 뭔지 아니? 하나님 이름을 동원하고, 사역을 동원하고, 교회 일을 전면에 내세워서 희생을 강요하는 거야. 물론, 주님의 일을 눈물과 한숨으로 짊어지고 가야 하는 것이 목회자 가정의 숙명이지. 그런데 그 지점으로 아내를 인도할 때 대의명분을 제시하면서 일방적으로 끌고 가는 방식이면 곤란하다. "우리가 부름받은 길이 이것이니 그 어떤 시련과 아픔 속에서도 우리는 이 길을 가야 하오. 따라오시오." 이게 바보들이 하는 짓이다. 영수 사모님이 여자라는 사실을 잊지 마라. 여자는 대의를 위해서 희생을 요구하는 남자보다 자신의 작은 필요에 귀 기울이고 배려하는 남자를 위해 기꺼이 함께 죽는 자리까지 갈 수도 있는 존재다. "주를 위해 같이 죽자, 교회에 뼈를 함께 묻자." 그런 소리 너무 쉽게 하지 마라. 오히려, 아내의 아주 작은 필요를 채우는 일에 열심을 내라. 여자들은 자신의 필요에 진심으로 민감하게 반응하는 남편의 모습을 보며 남편이 선택하는 그 어떤 일에도 동참하며 함께 걸어가길 결단하더라. 아사다 지로의 『칼에 지다』(북하우스)를 꼭 읽어 봐라. 주인공 요시무라 간이치로는 일본의 사무라이 무사야. 그는 먹고사는 것이 막막해서 동경으로 길을 나서지. 사무라이는 죽어야 될 일이 있으면 멋지게 죽는 것을 영광으로 삼는데, 이 사람은 절대로 안 죽어. 얍삽하게, 비굴하게, 지혜롭게, 모든 방법을 동원해서 끝까지 살아남아. 그러다가 어쩔 수 없이 그도 할복을 해야 하는 피할 수 없는 상황을 만난다. 죽기 전에 그가 딸에게 보내는 편지를 읽다가 울었다. 무사도니 대의 따위 필요 없이 가족을 위해 기꺼이 목숨을 버릴 수 있다는 그의 마지막 고백이 너의 마음에도 가닿을 수 있으면 좋겠다.

성균아, 주님께 충성하다가 아내를 사랑하지 못하는 사람은 부지기수로 봤지만, 주 안에서 아내를 사랑하는 사람이 주님께 충성하지 못하는 사람은 만나 보지 못했다. 아내에게 충성하는 것을 곧 주님께 충성하는 것으로 여기며 더 많이 더 뜨겁게 더 간절하게 영수 사모님을 사랑해라.

아홉째, 수능 성적표를 목양실 컴퓨터 앞에 항상 비치해 둬라. 저절로 마음이 녹고 겸손해질 것이다. 무언가를 포기하고 희생하면서 이 길을 간다고 착각하지도 말고, 이 직을 감당하면서 겪는 고생과 시련을 과장되게 이야기하지도 마라. 그 자리에 세워 주시고 일평생 강단에서 하나님의 편을 드는 역할을 맡겨 주신 것에 대해 감사하며 낮은 자리에서 낮은 마음으로 신실하게 감당하는 종이 되길 바란다.

*

성균아, 꼰대 같은 잔소리를 참 길게 했다. 목회하면서 길을 잃었을 때 읽어 보거라. 혹시 아니, 너의 길에 약간의 도움이 될 수도 있잖아. 너와 함께했던 7년의 시간이 어찌 지났는지 모르겠다. 담임목사와 부목사의 관계는 누가 누구에게 은혜를 베풀고 누구는 은혜를 입고 그런 사이가 결코 아니다. 내가 너에게 받은 사랑을 어찌 다 잊겠니? 너를 만나지 않았다면 열매 맺지 못했을 일이 너무나 선명히 보인다. 사는 동안 늘 기억될 우리의 지난 7년, 너무나 행복했다. 고맙다. 사랑한다.

온 마음을 다해 너를 사랑하는 형
김관성 목사가

4부

새로 시작하는
이들을 위하여

기도하다가 내게 신비롭게 다가온
하나님의 음성이 있었지.
"너는 오직 나를 위하여!"라는 문구였다네.
그 한마디가 나를 구원했다네.
그다음부터 내 마음이 흔들릴 때,
불안하고 낙심할 때, 무엇인가에 화가 났을 때,
마음으로 반복해서 외우는 문구가 되었지.
그러면 다시 평정심을 찾고 주님만을 바라보게 되었다네.

목사 안수를 받는 믿음의 후배 J 목사에게

김지철

*

장로회신학대학교 교수, 소망교회 담임목사로 섬겼고, 은퇴 이후 미래목회와말씀연구원을 설립하여 이사장으로 섬기며 CBS 성서학당 강사로 출연 중이다. 한국 교회와 목회자, 성도들이 '하나님 사랑, 이웃 사랑'의 본이 되신 예수 그리스도를 닮아가기 원하는 마음으로, 오늘도 가르치고 배우고 있다.

"전도사님이 아니라, 이제는 목사님이라고 불러야겠네!"

목사 안수를 받은 자네의 느낌, 아니 결심이 무엇인지 들어 보고 싶다네. 안수식에서 아버지 목사님의 손길이 머리에 닿았을 때 예수님의 터치를 마음으로 느꼈다면 더욱 좋았겠지. 마치 예수님이 아버지 하나님으로부터 영적 안수를 받는 것처럼 말이네.

세례자 요한에게 물세례를 받고 예수님께서 물에서 뭍으로 나오실 때 하늘이 갈라지지 않았던가? 비둘기같이 내려온 성령의 임재를 통해 하나님의 안수가 이루어졌다네. 그때 들린 하늘의 음성이 "너는 내 사랑하는 아들이라. 내가 너를 기뻐하노라"(막 1:11)였지. 이제 새로운 시대가 도래했다는 증거라네. 그동안 막힌 담을 다 허물어 버리는 사건이지. 하늘을 가르고 하늘의 계시 역사를 예수님을 통해 우리에게 보여 주시겠다는 하나님의 강력한 의지가 돋보이는 순간이라네. 이 장면을 연상하기만 하면 나는 가슴이 설레고 심장이 요동치는 것을 느낀다네.

그럴 때마다 이런 기도를 드릴 수밖에 없지. "하나님, 내게도 이런 영적 안수를 경험하게 하옵소서. 그래서 하나님의 아들로서 하나님의 기뻐하시는 뜻을 이 땅에 선포하는 하나님의 사람이 되길 원합니다."

하늘의 음성은 예수님에게 십자가 고난의 길이라도 마다하지 않고 의연하게 달려갈 수 있는 원동력이 되었다네. 그분의 당당함, 그분의 담대한 지혜로움이 다 여기에서 연유한다고 할 수 있겠지! 겟세마네 동산의 피땀 흘리는 처절한 기도 속에서도, '그러나'를 외칠 수 있었던 것도 하나님의 기뻐하시는 뜻을 이루려는 예수님의 외침이었다네.

친구여, 한번 돌아보게나. 전도사 시절은 목회자이긴 하지만 아직 아마추어 느낌이 물씬 풍긴다네. 목사가 된다는 것은 아마추어에서 프로로의 급진적인 전향을 뜻하는 것이라네. 거기에 내 이름과 내 자존심, 아니 내 생명을 걸 수 있다는 각오가 들어갈 때 진정한 프로가 되는 것이지.

그러나 목회자란 단순한 전문가가 되는 자리를 훌쩍 뛰어넘는 거라네. 왜냐하면 어떤 분야의 전문성을 살리는 것에 머물지 않기 때문이라네. 우리의 목회 대상이 사람이기 때문이지.

사람처럼 복잡한 존재가 없는 것을 이제는 자네도 알고 있지 않은가? 아니 '나'라는 인간 자체도 그렇게 변덕이 죽 끓듯 변하고 있지 않은가? 아침과 저녁이 다르고, 배부를 때와 배고플 때가 돌변하지 않던가?

성경을 읽다 보면, 하나님도 우리 인간과 대면하실 때마다 엄청 고생하신 것을 알 수 있네. 그렇게도 좋아하고 기뻐하시다가, 그렇게도 실망하고 화를 내시는 모습이 우리 인간관계와 그렇게 다르지 않다네. 심지어 인간 만드신 것을 후회하셨다(창 6:5-6)는 그 구절은 우리를 슬프고도 당혹스럽게 하지. 그러한 인간을 목회하는 것이 바로 우리 목사들에게 맡겨진 운명이라네.

*

선배 목사로서 세 가지를 부탁하고 싶다네.

첫째, 늘 첫걸음의 설렘을 놓치지 말게나. 목사 안수를 받으면서 '오직 주님만을 위해서!'라고 고백하고 외쳤던 그 순전한 마음 말이네. 그것을 상실하면 서서히 몰락의 길을 간다네. 그 설렘이 어느 날 사라지면, 지루함과 싫증이 몰려온다네. 고장난 컴퓨터를 리셋해야 하는 것처럼 끊임없이 여기서 탈출하기 위해 필요한 능력은 바로 자기비판과 회개라네. 이것은 자기를 분해하고 해체하는 과정을 스스로 해야 한다는 뜻이네. 그래서 회개란 나 스스로 하는 나의 책임이지만 동시에 자기 권태를 극복하게 하는 탁월한 하나님의 선물이라 할 수 있지. 그래야 우리는 처음 사랑을 기억하고 다시 출발선에 서게 된다네. 그것을 놓치면 자기 목회를 놔두고 어디 다른 데 즐거움이 있는지 두리번거리며 방황하게 되지. 그래서 교회 정치 권력의 맛을 보려 분주하게 뛰어다니고, 취미와 오락으로 자기 도피성을 만들어 가는 것이라네.

둘째, 말씀 읽기와 배움과 가르치기가 내 인생의 첫 번째 즐거움이 되어야 한다네. 예배하고 말씀을 증거할 때 그동안 쌓였던 스트레스를 푸는 즐거움 속으로 나 자신을 몰고 가야 하는 것이지. 내게도 목회하면서 닥쳤던 고통과 고뇌의 세월이 있었다네. '어찌할꼬?'라고 탄식할 때, 새벽에 말씀을 선포하고 기도하면, 매몰차게 나를 몰아세우던 어제의 그 모든 스트레스의 흔적들이 사라지는 것을 경험했다네. 말씀을 통해 깨닫고 경험하는 그 은혜가 내가 받은 스트레스보다 더 컸기 때문이겠지. 그것은 내게 엄청난 축복이자 새로운 목회 활력의 에너지원이었다네. 그래서 종종 후배들에게 말했지. 스트레스를 없애려고 한다고 없어지나? 결코 없어지지 않는다네. 오히려 말씀을 통해 받는 기쁨과 즐거움을 목회 환경이 가져다주는 스트레스보다 1퍼센트씩 많이 축적할 필요가 있다네. 그러면 어느 날 스트레스 40퍼센트, 말씀의 기쁨 60퍼센트가 된다네. 그러면 어느 순간에도 스트레스에 위축되어 도망가지 않게 되지. 목회가 때론 피곤하고 낙심되는 위기를 맞기도 하지만, 그것을 뛰어넘는 즐겁고 감사한 심정으로 목회하는 현장을 바꿀 수 있다네.

셋째, 평생 사람을 축복하면서 살게나. 인복이 최대의 복이네. 물론 인간관계가 결코 쉽지는 않다네. 하나님도 사람을 다루는 것이 어려워서 쩔쩔매시지 않았는가? 예수님도 그렇게 기적과 능력을 베푸셨지만 그를 적대하며 비난하는 사람들로 주위가 가득하였다네. 3년이나 숙식을 함께 하면서 예수님 곁에서 그를 목격하고 경험했던 가룟 유다는 은 서른 냥에 스승을 팔아넘기지 않았는가? 아니 수제자 베드로마저 두려움에 빠져 스승을 부인하며 스스로 무너져 내리지 않았던가? 예수님은 사람에게 의탁하지 않았지만 그들을 사랑하는 마음으로 축복하면서 사셨지. 제자들을 둘씩 세상을 향해 파송하면서도, 먼저 그 집과 사람을 축복하라고 말씀하신 분이 아닌가? 그 축복을 받으면 그 사람의 것이 되지만, 그렇지 않고 거부하면 그 축복과 샬롬이 축복한 사람에게 온다고 말씀하셨지. 그러니 마음 놓고 축복하면서 샬롬을 빌게. 그것이 바로 우리 삶의 자리를 풍요롭게 만드는 비결이라네.

목회자는 마지막에 혼자 서는 것이라네. 그 누구도 나의 길에 동행할 수는 없다네. 그렇게 지지했던 성도님들도, 내 가족도 아니고, 내 아내도 아니네. 혼자 묵묵히 내가 가야 할 길을 가는 것이라네. 이런 생각을 할 때마다 떠오르는 인물은 바로 욕심쟁이 야곱이라네. 130년의 세월을 험악하게 살았다고 고백했던 그에게 도대체 하나님의 은혜는 무엇이었을까? 얍복강가의 야곱을 생각하면 왠지 빙그레 미소짓는다네. 그의 재산도 두려움으로부터 그를 해방해 주지 못했네. 여러 종들도, 아니 아들들도, 심지어 아내들도, 마지막으로 사랑하는 아내 라헬도 야곱을 달래 주거나 보호해 줄 수 없었네. 그들을 모두 얍복강을 건너게 하고, 야곱은 단독자로 하나님 앞에 섰지(창 32:24, 야곱은 홀로 남았더니 어떤 사람이 날이 새도록 야곱과 씨름하다가). 오직 하나님만의 축복을 바랐다네(창 32:26, 당신이 내게 축복하지 아니하면 가게 하지 아니하겠나이다).

목회자는 늘 인간적으로 외롭다네. 그것을 물리치는 방법은 하나님 앞에 서는 것이라네. 그때는 단독자로서 '홀로 있음'이라는, '하나님과 나'만의 시간을 경험하는 것이라네. 그래서 외롭지 않은 것이지. 바로 내 옆에 임마누엘이신 예수님이 나와 동행하고 있기 때문이라네. 우리 예수님이 사람에게 자기 자신을 의탁하시지 않은 이유는 오직 하나님에게만 모든 것을 걸었기 때문이지.

    독일에서 공부할 때였네. 잘 진척되지 않는 공부에 지쳐서 삶이 미적거릴 때 내 아내가 한 말이 있지. "당신, 공부보다 더 중요한 말씀 읽기와 기도가 게으르다"고! 그러고는 1미터짜리 자투리 카펫을 사 와서, "아침에 일어나면, 그리고 저녁 잠들기 전에 여기 앉아서 기도하세요!" 하고 명령하듯이 내게 부탁했다네. 그러면서 기도하다가 내게 신비롭게 다가온 하나님의 음성이 있었지. "너는 오직 나를 위하여!"라는 문구였다네. 그 한마디가 나를 구원했다네. 그다음부터 내 마음이 흔들릴 때, 불안하고 낙심할 때, 무엇인가에 화가 났을 때, 마음으로 반복해서 외우는 문구가 되었지. 그러면 다시 평정심을 찾고 주님만을 바라보게 되었다네.

*

요새 목회 현장은 너무 살벌하다네. 눈을 부릅뜨고 상대방이 무엇인가 잘못한 것이 있는지 혈안이 되어 찾고 있다네. 그래서 적대자로 몰아내며 저주까지 퍼붓는 지경까지 이르렀다네. 세상 담론이 아니라 교회 안의 이야기라네. 자네가 목회를 담당해야 할 삶의 자리이지.

이러한 위기 상황을 돌파할 길은 오직 하나라네. 무엇보다 예수님을 전심으로 사랑하게. 그래서 예수님의 마음을 품고 예수님의 눈으로 교회와 사람들을 바라보게. 목회자인 우리의 사랑은 세 가지뿐이라네. 하나님 사랑, 말씀 사랑, 성도 사랑.

돌아보면 예수님은 나의 친구처럼, 때론 나의 큰 형님처럼, 무엇보다 늘 나의 주님으로 다가오셔서 나와 동행하셨다네. 지금도 예수님처럼 생각하고, 말하고, 행동한다면 어떻게 될까 가끔 상상해 보네. 예수님의 공생애처럼 아마도 3년 이상 살기가 쉽지 않을 것 같다네. 나 자신이 이렇게 오래 산 것도, 주님의 뜻대로 살지 못했기 때문이 아닐까 자책하는 마음도 한편 있다네. 하지만 그분의 삶이 얼마나 치열하고, 엄정하고, 개혁적이고 도전적인 말씀과 행동으로 가득 찼는지를 우리는 알고 있지 않은가? 우리가 그분 비슷하게 조금이라도 닮아 가야 하나님의 기뻐하시는 교회로 변화와 개혁의 길을 갈 수 있지 않을까 기대해 보네.

하나님께서 예수님에게 주신 말씀을 J 목사에게도 주시길 기도하네. 이 말씀은 평생 나와 동행했던 하나님의 음성이기도 하다네!

"너는 내 사랑하는 아들이라. 내가 너를 기뻐하노라."

목회의 동역자 된 사랑하는 J 목사, 우리 주님 안에서 건투를 비네!

> 2022년 10월 종교개혁주일을 앞두고
> 김지철 목사

개척을 시작하는 J 목사님에게

이문식

*

구로희년교회와 산울교회를 개척했고 2013년부터 광교산울교회 담임목사로 섬기고 있다. 남북나눔운동, 성서한국, 인터서브코리아 등을 섬겼으며, 현재는 GBT 이사장으로 선교 거버넌스를 위해 애쓰고 있다. IVF, CMF와 SFC 등 청년 선교단체에서 말씀 강해 설교자로 사역했다.

목사님이 저와 함께 동역한 지도 어느덧 10년이 되었습니다. 교회 안에서 돋보이는 성실함으로 집사로, 교사로 섬기시던 목사님이 목회에 뜻을 두고 있다는 이야기를 듣고 신학교를 추천하면서 동역자로 인연을 맺게 되었습니다. 저도 개척 교회를 세 번이나 경험한 목사로서 몇 가지 개척 멘토링 메시지를 이렇게 지면을 통해 드릴 수 있게 되어서 기쁩니다.

하나님 나라의 서기관

존 스토트(John Stott) 목사님의 『설교자란 무엇인가』(*The Preacher's Portrait*, IVP)라는 책은 제 평생에 목사로서의 자화상에 큰 영향을 주었습니다. 이 책을 통해서 목사는 사도도 선지자도 아니라는 것을 깨달았습니다. 그전까지는 성경의 선지자와 사도를 목회자와 동일한 사역자로 여기고 있었습니다. 그런데 선지자와 사도라는 직분은 성경을 기록하는 특별 계시 과정에서만 있었던 특별 직분이라는 것을 알게 되었습니다. 그때 저는 일종의 멘붕을 경험하면서 '그렇다면 목회자란 무엇인가?'라는 질문을 다시 스스로에게 하게 되었습니다. 또한 마태복음 13장 52절 "예수께서 이르시되 그러므로 천국의 제자된 서기관마다 마치 새것과 옛것을 그 곳간에서 내오는 집주인과 같으니라"의 말씀을 통하여 오늘날 목회자는 하나님 나라의 서기관이라는 것을 알게 되었습니다. 하나님 앞에서 우리의 신분은 **제자**이고 사역은 **서기관**이라는 것을 깨닫게 되었지요. 그 자세한 사역의 모델은 '마치 **새것과 옛것을 그 곳간에서 내오는 집주인**'이었습니다. 새것은 신약성경이고 옛것은 구약성경이며, 우리는 곳간 주인처럼 그 모든 것을 자세히 알아야 한다는 것을 깨달았습니다.

이후 저는 신구약 성경을 온전히 이해하려는 노력을 깊이 기울이게 되었습니다. 신학적 관심도 조직신학보다는 성경신학에 몰두했습니다. 특히 예수님과 사도들이 신약 교회의 상황 속에서 어떻게 구약을 인용 해석하고 적용했는지를 배우려고 노력했습니다. 그러다 보니 성경 교육(Teaching)과 설교(Preaching)에서 다양한 주제와 풍부한 접근을 하는 신선함을 비교적 오래 유지할 수 있었습니다. 성경 각 권마다의 특색과 분위기 그리고 상황과 메시지를 다양하게 풀어낼 수 있어서 설교 사역과 교육 사역을 늘 새로운 기대 가운데 진행할 수 있었습니다. 이것이 목회자의 매너리즘을 극복하는 데 아주 큰 도움이 되었습니다.

목사님께서도 평생 그 부지런함이란 인격적 특징을, 성경을 곳간에서 부지런히 내오는 일에 사용하신다면 섬기시는 교회가 늘 사랑하는 좋은 목사님이 되실 수 있을 것입니다.

줄반장 양

목회를 하다 보면 일이나 조직에 우선순위를 두게 될 때가 있습니다. 또 어떤 목회자는 책 읽는 일에 우선순위를 둘 수가 있습니다. 그러나 참된 목회자는 늘 사람에게 우선순위를 두어야 합니다. 예수님이 사람을 사랑하신 그 모습을 늘 따르는 제자가 되어야 합니다. 예수님은 목회자의 사랑의 그릇을 보고 양을 맡기십니다. 부활하신 주님이 베드로를 다시 부르실 때에도 세 번이나 확인한 것이 '사랑'이었습니다. 주님은 우리들의 주님에 대한 사랑과 맡겨진 양들에 대한 사랑의 진실성과 그 크기를 보고 양을 맡기십니다. 주님이 맡기신 양을 함부로 대하여 상처 주고 잃어버리는 일이 자주 일어난다면, 양을 사랑하신 주님께서 그런 목자에게 양을 맡기실 수 없을 것입니다. 주님은 늘 목자의 능력이나 지혜 혹은 은사나 재능을 보고 맡기지 않습니다. 오직 사랑을 보시고 양을 맡기십니다. 늘 주님 앞에서 그리고 교우들 앞에서 사랑이 풍성한 목자가 되실 때에 그 목회가 행복할 것입니다.

목회자는 요한 칼빈의 말처럼 백 마리 양 중에 한 마리 양입니다. 즉, 목자 사역을 하는 주님의 양입니다. 초등학교 때 줄반장이라는 것이 있는데 학생 중 한 명을 그 줄에 있는 학우들의 반장으로 삼아 담임선생님 대신 출석 확인도 하고 숙제도 모아서 제출하는 역할입니다. 저는 목회자가 마치 그와 같다고 생각합니다. 줄반장이 자신을 선생이라고 착각하면 교만해집니다. 늘 동료 학생들과 잘 지내며 자신을 그 학생 중 하나라고 여기고 학우들을 섬길 때 좋은 줄반장이 됩니다. 목회자도 마찬가지입니다. 늘 자신을 평신도 교우들 중 하나로 여기고 그들의 입장에서 역지사지하며 목회자 역할을 감당해야 합니다. 그때에 주님의 양들을 온전히 사랑하며 양 떼를 주님께로 이끄는 '좋은 줄반장 양'이 될 수 있습니다.

세상을 잘 이해하는 목회자

목자는 양들을 세상에 풀어놓습니다. 그런데 아무 데나

풀어놓으면 안 됩니다. 되도록 안전하고, 가까이 물이 있고, 늑대나 승냥이 같은 짐승들이 잘 출몰하지 않는 곳에 양들을 풀어놓습니다. 그래서 양들이 살아가는 환경이 어떤 곳인지에 대한 깊은 이해가 필요합니다. 예수님도 사도들을 파송하시면서 "보라, 내가 너희를 보냄이 양을 이리 가운데로 보냄과 같도다. 그러므로 너희는 뱀같이 지혜롭고 비둘기같이 순결하라"(마 10:16)라고 교훈하셨습니다. 우리는 교우들이 살아가는 세상을 뱀의 지혜와 비둘기의 순결을 가지고 잘 파악해야 합니다.

저는 목회자에게 세상과의 소통을 위해서 필수적으로 **인문학적 소양**을 함양해야 한다고 충고합니다. 세상 안에는 지혜로운 자가 무척 많습니다. 그들은 각자 자신의 전문성과 재능을 사용하여 세상을 아주 잘 파악합니다. 그리고 이 세상을 이해할 수 있는 새로운 통찰과 개념과 해결책을 제시합니다. 최근에 저는 유명한 재독 철학자 한병철 교수의 『사물의 소멸』(김영사)이라는 책을 읽었습니다. 정보화 시대에 하나님이 친히 창조하신 아날로그 세계의 피조물에 대한 접촉이 사라져 가는 현상과 그 문제점을 잘 통찰한 책입니다.

이 책을 통해서 저는 MZ세대의 삶의 방식과 그 후세대의 문화적 특성에 대해서 깊은 통찰을 할 수 있게 되었습니다. 이처럼 문학, 철학, 역사학, 사회학, 심리학, 자연과학에 관한 인문학적 소양을 목사가 풍부히 갖춘 상태에서 성경 말씀을 현실에 적용시킬 때 교우들은 깊은 공감을 하게 됩니다.

오직 성경만 읽고 기도만 하면 된다는 근본주의적 사고를 가지면 교인들과의 소통이 끊어집니다. 세상은 전혀 모르고 홀로 거룩한 광야 성자가 됩니다. 멀리서 존경받지만 실제 삶에서는 교제가 끊어진 목회자가 됩니다. '성경만 알면 성경도 모른다'는 성경 해석학의 기본 진리를 마음에 새겨야 합니다. 우리는 사도와 선지자들처럼 성경 기자가 아닙니다. 다만 성경 해석자요, 동시에 교우들에게 꼴을 먹여야 하는 목자입니다. 교우들이 잘 이해하고 소화할 수 있도록 충분히 묵상하고 적용하여 전달해야 합니다.

제가 신학교에 다닐 때 유명한 성경 주석가인 박윤선 박사님께서 마지막 학기에 설교학을 강의하셨습니다. 그때 박윤선 목사님이 급우들의 설교 비평을 하셨는데 때로는 상당히 어렵게 설교하거나 신학적 용어를 사용하여 설교하는 급우들에게 자주 "교인들을 괴롭게 하는 설교", "양들을 체하게 하는 설교"라고 야단을 치셨습니다. 그러시면서 "대부분의 교인들은 하루하루 피곤하게 살다가 거의 쓰러지기 직전의 상태에서 간신히 교회에 나와 앉아 있는데 그렇게 어려운 설교를 하면 다 자게 만드는 것이다"라고 호통치셨습니다. 마치 어린아이에게 엄마가 밥을 씹어서 이유식을 먹이듯이 그렇게 교인이 입만 열면 저절로 들어가 소화될 수 있도록 설교해야 한다고 강조하셨습니다.

따라서 우리 목회자들은 성경과 세상의 인문학적 지혜들을 깊이 묵상하여 아주 쉬운 상태로 전달해야 합니다. '깊고도 쉽게' 전해야 한다는 아주 어려운 사역이 설교와 성경 교육 사역입니다. 이 '깊고도 쉬운'이라는 명제는 서로 모순되는 것이기 때문에 참으로 어렵습니다. 쉬우면 깊지 못하고 깊으면 어렵게 설명하는 것이 우리들의 문제점입니다. 그러나 이 두 모순을 동시에 붙잡고 깊이 묵상하면 어느 순간에 이 둘이 아주 쉽게 녹아들게 됩니다. 그 상태에서 말씀을 전하면 '깊고도 쉬운' 말씀 사역자가 될 수 있습니다.

목회하는 과정에서 사람을 수용하는 마음의 깊이를 수련해야 합니다. 예수님처럼 수고하고 무거운 짐 진 자들을 다 내게로 오게 할 수 있는 마음 수양의 먼 길을 떠나는 것이 목회의 길입니다. 수고하고 무거운 짐 진 자들은 대부분 비뚤어

저 있거나 병든 마음을 갖고 있습니다. 이들을 다 받아들이기는 참 어려운 일입니다. 그러나 이들을 받아들여야 하는 것이 목사의 숙명입니다. 힘들어도 마음을 열어 받아 내는 열린 마음의 목자가 되시기를 기도합니다. 성질도 감정도 트라우마도 극복해야 합니다. 성령의 열매인 온유함이 우리 마음에 가득하기를 기도해야 합니다. 이렇게 주님을 따르다 보면 사람을 수용하는 수용력도 어느덧 조금씩 깊어집니다. 그래서 목자 되신 주님을 닮아 가는 제자가 되는 것입니다.

목사님의 앞으로의 목회 사역에 이러한 하나님의 축복과 은총이 가득하시기를 기도합니다.

주 안에서 동역자 된
이문식 목사가

목회의 길에 막 들어선 HB에게

김형국

*

나들목교회를 개척하여 2019년에 다섯 개로 분교하고, 지금은 예수님의 가르침 위에 어떻게 하면 건강한 교회를 세울 수 있을지 연구하고, 훈련하고, 연대하는 교회·사역자·성도들의 자발적인 모임인 하나님나라복음DNA네트워크의 대표로 한국 교회와 목회자들을 섬기고 있다.

축하하네. 얼마 전 목사 안수를 받았다는 소식을 전해 들었는데, 이제야 축하를 보내네. 목사가 된다는 것이 얼마나 큰 축복인가! 하나님 없이 인생을 다 허비할 뻔했던 우리를 부르셔서 자녀 삼아 주신 것만도 감사한데, 이런 놀라운 소식을 다른 이들에게 전하고 주를 따르게 하는 일에 자격 없는 우리를 불러 주시다니…. 정말이지 너무나 큰 은혜여서 축하한다는 말로는 부족하지.

사실 목회자가 된다는 것은 누구보다도 주님을 더 가까이에서 따르겠다고 공식적으로 인정하는 것이니, '날마다 십자가를 지고 주님을 따르는 삶'에서 타협과 합리화를 하지 않겠다고 천하에 선언하는 것 아니겠는가? 선배 바울 사도를 본받아 "십자가의 도를 깨달아, 우리의 혈과 육을 십자가에 못 박았고, 우리가 세상에 대해, 세상이 우리에 대해 못 박혔다"라고 믿음으로 고백할지라도, 이 선언이 얼마나 무거운지를 자네나 나나 잘 알고 있지 않은가? 물론 고난 뒤의 영광에 대해서도 조금은 알고 기대하지만 말일세.

*

요즘 시대에 목회자가 된다는 것은 특히 더 어려운 일인 것 같네. 벌써 20년도 더 지난 일인데, 내가 서른아홉에 사랑의교회 옥한흠 목사님의 초대를 받아 동역할 때, 옥 목사님께 당돌하게 여쭈었던 일이 생각나네. 나는 그때 사랑의교회에서 비신자 사역을 개발하고 있어서 옥 목사님과 자주 머리를 맞대고 고민했다네. 한번은 대화를 나누다가 마음속에 있던 이야기를 불쑥 해 버렸다네.

"목사님, 목사님은 참 좋으시겠어요. 한국 교회가 부흥할 때 목회를 하셔서요."

'그게 무슨 말이냐'라는 듯이 날카롭게 쳐다보시는 옥 목사님께 내가 스스로 답을 했었지. "저희는 한국 교회가 쇠퇴하는 중에 목회를 해야 하니까요."

옥 목사님은 물끄러미 바라보시다 고개를 돌리시곤 아무 말씀도 안 하셨지. 이런 솔직한 말씀을 겁 없이 드릴 수 있었던 어른이 갑자기 그립네그려….

그런데 나는 그나마 한국 교회가 아직 완전히 쇠퇴하지는 않은 상황에서 목회했으니 다행인지도 모르겠네. 불행히도 그 전세를 역전시키지 못해서, 이제 교회를 세우고 목회를 한다는 것이 무엇인지조차 혼란스러운 상황이 되었고, 그를 넘어서서 목회할 곳조차 사라져 가는 한국 교회를 자네 같은 후배들에게 물려 주게 되었으니, 나도 유구무언일세. 미안한 마음, 안타까운 마음, 다소 무기력한 마음만 가득하네.

내가 옥 목사님께 당돌한 말씀을 올렸을 즈음, 유학을 마치고 막 귀국해서 사역을 시작한 내게 한 후배 목사가 던졌던 질문이 생각나네.

"형, '한국 사회에서 목회를 한다는 것은 (   )다'라는 문장에서, 형 생각에 (   ) 속에 들어가는 표현은 뭐야?"

그때 내가 대답했었네. "아슬아슬하다!"

영어로 '배교하다'라는 뜻의 단어가 backslide인데, '뒤로 미끄러지다'라는 뜻이지. 그런데 한국같이 자유가 보장된 사회에서 배교자는 잘 나오지 않아. 그러나 곁길로 미끄러지는 sideslide는 늘 일어나지 않는가. 이는 내가 만든 단어일세. 25년 전에, 정도를 걷지 않고 오히려 좌로나 우로나 미끄러져서, 거기에서 온갖 재주를 피우는 '목회자'들이 내 눈에도 많이 보였고, 오히려 그들이 갈채를 받는 상황이라서 아슬아슬하다고 생각했지. 평균대를 생각해 보게. 평균대 위에서 중심을 잡고 서 있기란 쉽지 않지. 그런데 그 위에서 경기를 펼치려면 절제와 훈련은 기본이고, 더디 가더라도 그 위에 남아 있겠다는 결단이 필요하지. 그런데 그 평균대 아래로 미끄러져 내려온 사람들이 다시 올라가지 않고 바닥에서 온갖 기술을 부리는데, 그 화려한 연기에 갈채를 보내고 있는 것이 한국 교회의 마음 아픈 모습이라고 생각했지. 그러니 그런 상황에서는 목회자가 되는 것을 "아슬아슬하다"고 말할 수밖에.

아! 그게 벌써 25년 전 일이네. 그 이후로 한국 교회 상황은 더욱더 악화되고 있지 않은가. 당시에는 아직 교인 숫자가 늘고 있어서 이런 이야기를 하면 지독히 부정적인 사람으로 치부되거나 하나님을 믿지 못하는 불신과 회의에 가득 찼다고 평가를 받았지. 하지만 한국 교회의 뿌리 깊은 문제는 그때 이미 여기저기서 전조가 나타나고 있었다네. 요즈음 특히 교세가 주춤하다가 교인 숫자가 급기야 줄어들기 시작하자, 한국 교회가 위기에 처했다는 말이 나오는데, 이 말 자체가 한국 교회의 위기 상황을 잘 보여 주는 말일세. 기독교는 원래 숫자놀음이나 그 세를 자랑하는 종교가 아니라, 오히려 세상에서 주를 따르는 소수의 운동이 아닌가? 만약 교세가 커

져서 다수가 주를 '바르게' 따른다면, 세속 사회에 선한 영향력을 끼쳐 좋은 변화를 일으키고 있겠지. 그러나 한국 교회가 한국 사회에 선한 일을 하지 않은 것은 아니지만, 불행하게도 한국 사회의 복합적인 문제의 한 부분으로 전락하여, 교회와 목회자에 대한 신뢰도는 바닥을 치고, 교회가 사회를 걱정하는 것이 아니라 사회가 교회를 걱정하고 있으니 말일세. 거기에 코로나로 직격탄까지 맞았으니….

중대형 교회에는 담임 목회 지원서가 수십에서 수백 통 들어온다는 이야기가 있을 정도로 교세가 줄어들고 있네. 이런 상황에서 중소형 교회는 주일학교를 담당할 전도사를 못 구해서 절절매고…. 코로나가 끝나면 돌아올 줄 알았던 교인 중 30퍼센트는 돌아오지 않고, '주님의 종'으로 불리며 평생 뼈를 깎아 목회하면 성도들이 이를 알아주어서 은퇴 이후를 염려하지 않아도 되던 시절도 지나가 버렸고…. 오히려 이중직을 당연하게 여기지 않으면 목회를 지속하기가 힘든 상황으로 점점 몰리고 있으니…. 사실, 일반 사회 시각에서 목사라는 직업은 이제 매우 전망이 없는 직종임이 틀림없네. 아니, 안정적으로 목회하는 목회자들조차 다수가 과연 '이게 목회인가, 이러려고 목사가 되었나'라는 회의에 빠져 있는 것이 현실이니…. 그러니 그 후배가 내게 다시 질문하면, 이제는 뭐라고 대답해야 할까? "한국 사회에서 목회를 한다는 것은 전망 제로다?"

목사 안수를 받은 것을 축하한다고 운을 떼고 암울한 이야기만 이렇게 주저리주저리 늘어놓아서 미안하기 그지없네. 그런데 어찌하겠나? 그저 덕담이나 늘어놓으며 잘해 보라고 하기에는 내 양심이 부끄러워 차라리 축하 편지를 쓰지 않는 것이 나을 터…. 그래도 내가 자네에게 글을 쓰는 이유는 한국 교회의 현주소는 암울하고 전망이 없어 보이지만, 한국 교회의 주인이신 주님은 여전히 그분의 일을 하고 계시고, 또한 그분의 일을 같이할 동역자를 여전히 부르고 계신다고 믿기 때문일세. 교회의 주인, 아니 만물의 주인이신 주님을 참으로 따른다면, 현재 상황에서도 우리가 감당해야 할 영광스러운 몫이 있지 않겠나.

그래서 이 길을 아슬아슬하게 걸어온 선배로서 이 길에 막 들어선 자네에게 주님의 부르심에 천착하라고 말하고 싶네. 하나님의 부르심이 없다면, 이런 인기 없고 전망 없는 상황에서 목회는 하지 않는 편이 낫기 때문일세. 하나님의 부르심을 어찌 알겠나? 내가 이해하기에 우리 기독교 신앙은 명사가 아니라 동사라서, 구원이나 믿음처럼 부르심 역시 깊어져 가는 것이라고 믿네. 자네가 부르심을 받아 목회자가 되었다면, 그 부르심이 깊어지기를 바라네. 목회자를 부르신 하나님이 우리에게 맡기신 일이 무엇인가? 베드로 사도에게 하셨던 말씀대로 그의 양 떼를 먹이는 것 아니겠는가. 그러면 사람들은 가장 먼저 설교를 떠올리는데, 설교도 양 떼를 먹이는 방법 중 하나이지. 그런데 그 전에 양인 우리 자신이 먼저 먹고 성장하지 않는다면, 무엇을 먹일 수 있겠는가?

그런 면에서 우리 자신의 인생은 우리가 믿는 바가 진리인지를 확인할 수 있는 '임상의 장'이라네. 자신이 가르치는 진리로 자신을 먹이지 않고, 그래서 자기 삶에 변화가 없다면, 우리는 사실 효용 없는 '약'을 팔고 있는 것이니, 자기가 맡은 사람들을 제대로 먹일 수 없다네. 자네 삶, 특히 자네 가정과 자신의 내면을 변화시키고 있는가? 사람들과 진실한 관계를 맺는 일, 갈등을 해결하는 일, 경제생활과 하나님의 인도를 받는 과정 등에서 자네가 믿고 가르치는 진리가 실제로 작동하는지 진실하게 질문하며 '임상'해야 한다네. 우리는 설교하기 전에 내가 전하는 메시지가 정말 작동하는지 질문해야 하네. 그런 면에서 배우자와의 관계, 자녀와의 관계는 가장 중요한 '임상의 장'이지. 잊지 말게. 배우자와 자녀의 평가가 자네 신앙 성숙의 척도임을…. 교회에서 아무리 퍼포먼스가 뛰어나도 자네 가정과 내면이 성장하고 깊어지지 않는다면, 이미 '종교 기술자'로 전락했을 수 있다는 사실을 명심하게나.

*

그리고 정말 부탁하는 것은 비신자에게 복음을 전해서 회심을 일으키는 사역의 전문가가 되어 주게나. 오늘날 한국 교회에서는 회심이 점점 사라져 가고, 목회자는 수평 이동한 성도를 중심으로 목회하는 환경에 매우 익숙해지고 있네. 나는 이것이 한국 교회가 퇴락하는 현상 중 하나라고 늘 진단해 왔다네. 사실 경악할 노릇이지. 목회자가 복음을 전할 줄 모르고, 그런 경험도, 기회도 없다는 것은! 우리가 그들에게 "가서" 해야 할 일은 "아버지와 아들과 성령의 이름으로 세례를 주는"(마 25:19, 새번역) 일, 즉 복음을 선명하게 전하여 주님께로 그들을 돌아오게 하는 일 아니겠나? 그러니 이 일에 진보를 이루려고 애를 쓰게나. 사역과 부흥의 출발점인 전도와 회심이 사라져 가는 교회는 소망이 없으니, 이 일에서 전문가로 발돋움하도록 애를 쓰게나.

새 생명이 태어나면, 그 생명을 보듬고 키워야 하는 일이 당연히 뒤따르네. 수많은 교회에 양육 프로그램이 있지만, 단지 교육 프로그램으로 머무는 게 참으로 마음이 아프네. 우리 속에 움튼 하나님의 생명을 잘 보듬어 성장하게 하는 것이 양육이며 제자 훈련인데, 그 본질은 사라지고 다양한 이벤트와 세미나, 프로그램의 성패에만 집중하니…. 교회에서 어떤 프로그램을 진행하든지 우리의 질문은 "그래서 우리 성도들이 변화하고 다른 삶을 살아가고 있는가?"이네. 수많은 프로그램을 진행하되 세상 사람들과 거의 똑같이 사는 사람들을 양산한다면 우리는 이벤트나 프로그램 기획자로 전락하는 셈일세. 사람들을 성장하도록 도우려면, 공동체가 필수임을 깨달을 것일세. 신약성경 절반이 공동체 삶에 관한 것이라는 말이 과장이 아니지 않은가? 그래서 교회 조직이 아니라, 혈육보다 가까운 형제자매가 되는 공동체를 세우는 일을 배워 나가길 바라네. 참, 자네에게는 그런 공동체가 있는가? 자네가 먼저 그런 공동체에 속하게나.

전도와 회심, 양육과 제자 훈련, 공동체 세우기. 이 세 가지에서 꾸준한 진보가 있기를 바라고, 이 일을 위해서 설교, 예배 인도, 소그룹 활동, 세미나, 다양한 프로그램을 임상하는 마음으로 실행하길 바라네. 하고 싶은 이야기가 많으나 오늘은 여기까지 쓰네. 이런 이야기는 만나서 얼굴을 맞대고 해야지.

*

나는 오늘날 한국 교회에 전망이 없다고 생각하네. 암울하네. 끊임없이 현실과 나 자신으로 인해서 절망하고 좌절한다네. 하지만 내게는 절망하거나 좌절할 권리가 없다네. 다만 부르신 분을 따라가는 영광스러운 의무밖에…. 이 길을 함께 가게 되어서 고맙네. 선배가 길을 이탈한 것 같으면 찾아와서 따끔하게 한마디 해 주는 HB가 되어 주게나. 다시 한번 무거움을 담아 축하하네.

그의 나라를 위해 함께 일꾼 된
김형국 씀

신학 공부를 시작하는 K에게

조영민

*

청년 시절 선교단체 수련회에서 회심을 경험하고, 청년에게 하나님 말씀을 전하기 위해 12년간 청년 담당 사역자로 살다 8년 전 나눔교회 담임이 되었다. 하나님의 말씀의 능력과 사람이 변화될 수 있음을 여전히 믿으며, 청년과 일반 성도를 위한 몇 권의 책을 출간했다. 아내 영미와 딸 수아, 아들 원영이와 함께 '이곳에 임한 하나님 나라'를 사는 중이다.

이런 글을 쓰게 될 거라는 생각을 해 본 적이 없었습니다. 수년 만에 만난 K 당신이 '올해 신대원에 입학한다'는 소식을 들려주기 전까지 말입니다. 당신은 신대원을 입학하게 된 동기를 말하며, 수년 전 청년부 수련회에서 제가 전한 말씀을 듣는 가운데 받은 소명을 이야기했습니다. 다시 말하지만, 저는 이런 주제의 글을 제가 써도 되는지 여전히 자신이 없습니다. 그런데 언제부터인지 제가 영향을 미치는 분들, 제게 이 목사직에 관하여 묻는 이들, 이제는 무언가 말해야 한다 말씀하시는 분들이 생겼습니다. 그러다 K 당신을 만나, 당신의 목회직에 대한 기대와 소망에 관하여 들었습니다. 처음으로 진지하게 '신학을 공부하려는 이들에게 들려주고 싶은 이야기를 정리해야겠다'는 생각을 하게 되었습니다.

제가 설교에 관하여 읽었던 책 중에 데이비드 고든(David Gordon)의 『우리 목사님은 왜 설교를 못할까』(홍성사)라는 책이 있습니다. 이 책은 오늘날 설교자들의 설교가 왜 힘을 잃었는지에 대한 이유를 밝힙니다. 저자는 이 시대 설교자가 책맹, 즉 '읽기와 쓰기'가 되지 않기 때문이라고 말합니다. 이 책은 슬픈 책입니다. 문제는 지적하지만 대안이 없기 때문입니다. 이미 목사가 되어 버린 이가 '읽기와 쓰기'라는 가장 기본적인 자질을 갖추기 위해 따로 다시 노력하는 것은 거의 불가능한 까닭입니다. 제가 신학을 공부하려는 당신에게 쓰는 편지의 서두에 이 설교학 책 이야기를 꺼낸 이유가 바로 이것입니다. 목사가 된 후에 깨달으면 이미 늦어 버리는 것이 있습니다. 당신이 목사가 되기 전 '구비해야 할 것들'을 지금 준비해야 한다는 겁니다. 당신에게 이제 얼마 남지 않은 '기회의 시간'이 마땅히 쓰여야 할 곳에 쓰이기를 소원합니다.

*

제가 사역자의 길을 가려는 이들을 위해 들려줄 수 있는 이야기가 무엇이 있을지 진지하게 생각해 봤습니다. 돌이켜 보니 저는 정말 많은 이야기를 선배들에게 들었습니다. 어떤 것은 마음에 깊이 새겨졌고, 어떤 것은 지금 제 삶에 좋은 습관으로 자리 잡았으며, 또 어떤 것은 그냥 스쳐 지나갔습니다. 수많은 이야기 중에 제게 유익했던 그리고 지금도 제 삶과 사역에 중요한 몇 가지를 추렸습니다. 저는 새로운 이야기를 하는 사람이 아닙니다. 그렇다고 너무 일반적이어서 굳이 듣지 않아도 되는 그런 권면을 남기고 싶지도 않습니다. 이제 길을 나서는 K에게 제가 지금도 붙잡고 있는 세 가지를 권면합니다. '나력(裸力)에 관하여, 플라이휠(Flywheel)에 관하여, 퀀텀 리프(Quantum Leap)에 관하여'입니다.

첫째, 당신은 '나력'을 키워야 합니다. 이 표현이 어디에서 나왔는지는 의견이 분분합니다. 영국의 알프레드 테니슨(Alfred Tennyson)이라는 시인의 시 "참나무"(The Oak)의 한 표현 때문이라는 설도 있고, 사마천의 『사기』에 있는 "관안열전"에 등장하는 '안자'라는 제상의 마부에 관한 이야기에서 나왔다는 설도 있습니다. 출처가 어디인지는 모르나 이 용어는 명확합니다. '자신의 지위와 배경을 제거한 뒤에도 오롯이 자신을 세울 수 있는 벌거벗은 나의 힘'을 의미하기 때문입니다.

제가 사랑하고 존경하는 목사님께서 언젠가 후배 교역자들을 보면서 하셨던 이야기입니다. 한 자가용 운전자가 있었습니다. 그는 출퇴근을 위해 차를 사용했고 차는 특별한 문제가 없었습니다. 그러다 어느 밤에 그 차를 타고 도시 밖으로

나가야 하는 일이 있었습니다. 문제는 차가 도시의 경계를 지나 가로등 아래를 벗어났을 때 발생했습니다. 가로등 아래를 벗어난 순간 앞이 캄캄해졌고 아무리 전조등을 조작해도 앞이 밝아지지 않았기 때문입니다. 그는 그제야 자신의 차량에 전조등이 둘 다 고장 나 있었음을 알게 되었습니다. 그는 결국 차를 돌려야 했고 차량을 고친 후에야 움직일 수 있었습니다.

우리는 무중력 상태에 존재하지 않습니다. 당신의 부모님이 당신의 배경이 되기도 하고, 당신이 공부했던 학교가 또는 섬기는 교회가 배경이 될 수 있습니다. 이렇게 저렇게 연결된 사람이나 단체가 배경이 될 수 있습니다. 이런 부분에서 정말 자신의 배경을 잘 만들어 가는 분들도 있습니다. 저는 그 부분이 잘못되었다고 말하고 싶지 않습니다. 그럴 수 있고 또 그래야 하기도 하니까요. 그런데 종종 그 배경에 기대어 자신에게 과도한 자신감을 부여하는 분이 있습니다. 그 가로등 빛 아래, 그 우산 아래를 벗어나게 될 날이 올 것임에도 말입니다. 한 가지 권합니다. 지금 나력을 키우십시오. 모든 배경을 벗은 후, 그럼에도 나에게 남아 있는 힘, 그 힘을 키우시기 바랍니다. 홀로 하나님 앞에서 씨름할 힘을, 홀로 하나님 말씀

앞에 서는 힘을, 홀로 내게 주신 영혼에게 복음을 전하고 그를 양육하여 동역자로 세우는 힘을 키워야 한다는 겁니다. 가로등 아래를 벗어나는 그날 내 전조등이 꺼져 있음을 발견하고 당황하지 않기를 원한다면 말입니다.

둘째, 당신은 플라이휠을 돌려야 합니다. 플라이휠은 '떠 있는 바퀴'라는 뜻으로 원래는 '회전 에너지를 저장하는 데 사용되는 회전 기계 장치'를 의미합니다. 그러나 경영학에서는 이것을 '성장을 만드는 선순환 수레바퀴'라고 말합니다. 아마존 최고 경영자 제프 베저스(Jeff Bezos)는 아마존의 성장 원리와 사업 모델을 이것으로 제시합니다. 플라이휠 모델은 기업의 성장을 일련의 순환 과정으로 설명합니다. 기업에 대한 고객의 경험을 개선하고 이에 따라 고객의 수가 증가하면 이를 바탕으로 트래픽, 판매자, 상품군을 늘리는 선순환 구조를 의미합니다. 왜 갑작스럽게 경영 이론을 말하느냐 물으실 수 있습니다. 이유는 나력을 키우기 위해 가장 필요한 것이 바로 이 선순환 구조이기 때문입니다.

플라이휠은, 처음에는 그 휠을 돌리는 데 많은 힘이 듭니다. 그러나 이 휠이 움직이기 시작하면 점점 더 강한 힘으로 회전하기 시작하며 이후에는 자연스럽게 선한 결과를 만들어 냅니다. 당신은 왜 신학을 공부하려 하십니까? 당신이 인생을 통해 이루고 싶은 것은 무엇입니까? 목표를 분명히 하십시오. 그리고 그 목표를 위해 당신이 해야 할 준비가 무엇인지 생각하십시오. 그 후 그것을 어떻게 연결해서 하나가 다른 하나를 움직여서 나라고 하는 사람이 더 나은 사역자로 준비될 수 있을지를 고민하십시오. 당신은 지금 어디에 집중해서 어디에 당신의 시간과 능력을 집중해야 할까요?

저는 당신이 이 선순환을 만들어 내는 사역자로서의 플라이휠을 정상적으로 작동하는 분이길 바랍니다. 이 선순환의 플라이휠은 한순간에 만들어지지 않습니다. 또 이 휠은 내가 결단한 그날부터 돌기 시작하는 것도 아닙니다. 꽤 긴 시간, 꽤 많은 힘의 집중이 필요합니다. 그 기간 다른 이들이 나의 수고를 알아주지 않을 수도 있습니다. 그 기간은 늘 그렇듯 내가 예상했던 시간보다 더 늘어날 가능성이 큽니다. 그러나 이 휠이 돌기 시작하면 당신은 이미 이전의 당신이 아닐 것입니다. 제 편지가 들어 있는 이 책 안에는 저보다 훌륭히 이 사역의 길을 앞서가신 분들의 글이 많습니다. 저는 당신이 그 권면들에 집중하셔야 한다고 생각합니다. 그리고 당신이 지금 어디에 힘과 시간과 열정을 쏟아야 할지를 결정하시길 바랍니다. 무엇에 집중할지 그분들에게 도움을 받으십시오. 제발 부탁합니다. 그것이 선순환되고, 루틴이 되고, 습관이 되도록 선택하여 집중하십시오. 나만의 플라이휠을 만들고, 그것이 잘 돌아가게 만드십시오. 그러면 당신은 이전과 다른 사람이 될 것입니다.

셋째, 퀀텀 리프를 소망하십시오. 퀀텀 리프는 물리학 용어입니다. '양자 도약'이라는 말로, 양자 등의 원자가 에너지를 흡수해 다른 상태로 변화할 때 서서히 변화하는 것이 아니라 일정 수준에서 그 속도로 변하는 것을 의미합니다. 이걸 어떻게 소망하라는 것일까요? 이 어려운 물리학 이론을 쉽게 설명해 주는 이야기가 있습니다.

중국에 있는 어떤 대나무에 대한 이야기입니다. 그 특별한 수종의 대나무는 심긴 뒤 4년 동안 단 30센티미터밖에 자라지 않습니다. 4년이나 농부의 돌봄을 받았음에도 그 결과가 처참해 보일 정도로 미미하다는 것이지요. 그런데 심은 지 5년째가 되면 그 대나무는 폭발적으로 성장합니다. 대나무의 마디마디마다 생장점이 있어서 하루에 1미터 정도 성장하는 것입니다. 며칠 만에 숲이 됩니다. 그 엄청난 폭발적 성장의 원인이 무엇일까요? 지난 5년간 그 대나무는 끊임없이 아래로 또 옆으로 뿌리를 내렸기 때문입니다. 아무도 보지 않는 곳에서 끊임없이 자라고 있던 뿌리가 완성되었을 때 폭발적 성장이라는 눈에 보이는 결과가 생긴 겁니다.

당신이 이제부터 하려는 일은 절대 쉬운 일이 아닙니다. 제가 생각하기에 목회란 인간이 할 수 있는 가장 힘든 일 중 하나입니다. 그리고 안타깝게도 지금의 흐름으로 볼 때 이 일이 힘들어지면 더 힘들어지지 쉽게 나아질 것 같지 않습니다. 그 일을 하려는 당신에게 필요한 게 무엇일까요? 너무 빨리 당신이 수고한 결과를 구하지 않는 것입니다. 진짜 긴 시간을 인내하며 주님이 내게 부탁하신 일을 감당하는 겁니다. 그 시간을 낙심과 게으름의 시간이 아니라 끊임없이 치열하게 보이지 않는 부분에 과도한 에너지를 쓰는 것으로 말입니다. 주께서 은혜의 비를 내리는 날, 주께서 정하신 때가 차면, 오직 주님이 만들어 내실 수 있는 위대한 퀀텀 리프를 소망하며 말입니다.

*

사랑하는 후배여, 이제 이렇게 신학의 길에 들어선 당신에게 부탁합니다. 나력을 키우십시오. 하나님 앞에 선 나, 그러한 나로 하나님을 섬길 수 있는 실력자가 되어 주십시오. 플라이휠을 돌리십시오. 무엇으로 준비될지 정하고, 그런 존재가 되기 위해 선한 반복을 통해 습관을 만드십시오. 선한 영향력을 가진 실력자가 되어 주십시오. 퀀텀 리프를 소망하십시오. 열매가 없는 시간은 뿌리를 내리는 시간임을 기억하며, 하나님께서 베푸실 위대한 일을 소망하며 오늘 또 땀 흘려 주십시오. 심은 대로 거두게 하시는 우리 주님의 신실하심을 신뢰하며 신실하게 또 그렇게 살아 주십시오. 저도 그렇게 제게 주어진 하루들을 살아가며, 당신이 우리 하나님과 만들어 내는 또 다른 이야기들을 기대하며 기도하겠습니다. 사랑하고 축복합니다.

나눔교회 조영민 목사

목사가 목사에게

초판 발행_ 2023년 2월 6일
초판 2쇄_ 2023년 3월 6일

지은이_ 고상섭 김경은 김관성 김영봉 김지철 김형국 김형익 박영호
  송인규 송태근 이문식 이정규 조영민 조정민 차준희
펴낸이_ 정모세

펴낸곳_ 한국기독학생회출판부
등록번호_ 제2001-000198호(1978.6.1)
주소_ 04031 서울시 마포구 동교로 156-10
대표 전화_ (02)337-2257 팩스_ (02)337-2258
영업 전화_ (02)338-2282 팩스_ 080-915-1515
홈페이지_ http://www.ivp.co.kr 이메일_ ivp@ivp.co.kr
ISBN 978-89-328-1981-5

ⓒ 한국기독학생회출판부 2023

책값은 뒤표지에 있습니다.
무단 전재와 복제를 금합니다.